唯物論と現代

2020.6　No.62

特集　日本国憲法と政治変革の課題

論　文

翻　訳

書　評

編集後記

特集　日本国憲法と政治変革の課題

安倍首相の改憲関連発言の三つのデマゴギーとその背景

吉田栄司

はじめに

昨年七月の参議院議員選挙の結果を受けた昨今の政治情勢に、すなわち安倍内閣の与党勝利という結果を受け、選挙の争点の一つとされた「憲法改正」に関する動向に、どう向き合うべきかに関して報告することが、私に要請された。この要請を受けて、私が表題のような「デマゴギー」という言葉を用いようと思ったのは、報告に先立つ某新聞で「『慰安婦問題はデマ』というデマについて考える」という松井大阪市長や河村名古屋市長を批判する日本近現代史を専攻する吉見義明中央大学名誉教授の特集インタビュー記事（毎日新聞二〇一九年九月一三日付朝刊六面）を目にしたからでもある。デマゴギー（Demagogie）というドイツ政治哲学用語は、紀元前五世紀のギリシアで歴史家ツキジデス（Thukydides）がアテナイの政治家クレオン（Cleon）を、民衆（demos）を扇動する（agein）者（Demagogos; Demagogue）と負の評価を伴って呼んだことに由来する、と言われている。報告者を含む憲法学界や全国の弁護士会等が、「憲法改正」に関する安倍発言の虚偽性を専門的にその都度告発公表しても、マスメディアはこの長期政権に忖度してかほとんどそれを報道して来ていないため、主権者国民にはまったく届いてはいない。憲法学に照らしたその虚偽性は、およそ以下の三点に集約されるかと思われるので、ここで改めてそれを報告し、その政治的背景についても展開することとしたい。

Ⅰ、この参議院選挙で改めて与党自民・公明に国民の多くの支持をいただき、憲法改正についても国会で議論すべきだ、との国政審判が下りました！、というデマについて

確かに、世論すなわち主権者国民の意思（憲法前文、一条等参照）が、具体的な個別憲法条文に関して、改正を行うことを欲しているのであれば、主権者国民を代表する国会は、憲法改正の「発議」に向けた手続き（憲法九六条）を進行させて然るべきではある。しかし、現行日本国憲法の発効以降ほぼ一貫して、さらに今回の参議院選挙に際しても、世論として憲法改正を求める声は決して大きくなってはいないのである。その事実を、まずはしっかりと押さえ直さなければならない。参議院選挙結果を受け、首相に力を入れてほしい政策を尋ねる某新聞世論調査結果（朝日新聞二〇一九年七月二四日付朝刊一面）によれば、最大の関心事は年金問題を含む社会保障問題三八％であり、次いで教育や子育てに関する問題二三％、景気ないし雇用問題一七％、外交ないし安全保障問題一四％と続き、憲法改正問題はわずか三％であり、参院選比例区で自民党に投票したと回答した人に限ってさえ四％であった、という動向をこそまずは確認し直すべきところである。

そもそも憲法は、天皇、摂政、国務大臣、国会議員、裁判官を始めとするすべての公務員に対して、現行の憲法を遵守実現する義務（憲法九九条、憲法尊重擁護義務）を課しており、内閣総理大臣は国会議員を兼ねていても、本来的に現行憲法を否定する公的発言をなし得る立場にはまったくない。憲法は、列挙された人権の実現を国家権力作用の目的とし、その目的達成手段として地方分権をも含めて国家権力組織に関して分立制度を定める国家権力制限規範であり、誰よりもまずは行政権力主体としての内閣の各閣僚を、したがってまた内閣総理大臣を拘束する規範であるという、立憲主義そのものの根本的要請を蔑ろにする発言である、という点を憲法研究者としては見逃すわけには行かない。憲法改正と題する憲法九章は九六条一ヵ条を置き、その第一項で全国民代表機関である国会に機関内分立制ともいうべき二院制の衆参両議院を対等に位置づけて改正案の発議権を付与しているから、衆議院議員を兼ねる安倍首相には発議にかかわる発言権がある、と見るのは短絡的な見方である。憲法制定権者であり、改めての憲法改正権者

でもある主権者国民の意思をこそ前提に、国民代表機関の意思が改正案を作成する具体化の作業をし、最終的に有権者としての主権者国民がその是非を決し、是とされた場合に第二項に従い象徴天皇制に即して天皇が「国民の名で」これを公布するのである。この国民の意思を根底に置くべき問題を、真逆に首相の意思を根底に置いて国民を指導しようとする発想自体が、立憲主義の何たるかをまったく理解していない者の主張だと言わなければならない。

また、安倍首相は「憲法改正」をすべきか否かを含めて、あるいは自民党ないし自らが提唱する改正案への対案を、国会でまずは「議論」し始めることが求められると、必ずしも改憲ありきではないように装う発言をしている。しかし、憲法改正を国会での議論の題材とされれば、憲法審査会であれこれの対案提出が求められたのち、二〇一五年の安全保障法による海外派兵の実現、二〇一七年の組織犯罪処罰法上の共謀罪の導入、二〇一八年の統合型リゾート推進法によるカジノ建設等とほぼ同様に、圧倒的多数の憲法研究者や日弁連を含む全国の弁護士会がどれほど憲法に則して反対の声を上げても、いつでも「議論は尽くされた」と称して自民・公明・維新等の議員数を背景に、直ちに憲法改正発議を「強行可決」し得る国会状況にあるという点も、しっかりと見ておかなければならない。議席数そのものも、実は都道府県単位に一から六まで大枠での人口比定数を取りつつも、七割程の三二県ではトップのみ当選する選挙区一四七名と比例代表九八名という枠組の下、比例代表の得票率では自民三五・三七％と公明一三・〇五％で計四八・四二％と過半に満たないにもかかわらず、議席では五七・二五％を占めるという歪みを見せる制度であるという点も知らしめておきたい。その歪みの下でさえ、参議院において自民公明両党は維新を加えても発議に必要な三分の二を今回獲得できなかった、という事実も押さえ直してよいかと思われる。

Ⅱ、日本国憲法は本来的に日本人が作ったものではなく、マッカーサーらに押し付けられたものですから自主憲法制定が必要なのです!、というデマについて

確かに、かつて幣原喜重郎内閣下の松本烝治委員会によって作成された明治憲法改正要綱は、ポツダム宣言を無視するものとしてマッカーサーらに否定され、一九四六年二月半ばにＧＨＱ民政局作成の九二ヵ条草案が提示された

が、しかし幣原内閣との間で三月から四月にかけて数度の激しいやり取りがなされ、最終的に一〇〇ヵ条の改正政府案が作成されているのである。まず、改正原案が日本政府との緊密なやり取りの結果として帝国議会に提出されていたという事実の重みを、安倍首相は承知していないかと思われる。もちろん、承知した上でのまやかしかも知れない。さらに重要なことがらは、その四月一〇日に初の女性参政権を認められた男女平等の総選挙が行われ、三九名もの女性議員や治安維持法違反の投獄等から解放された共産党議員五名を含む四六六名の衆議院が改正案の審議を六月から八月末にかけて自由に行ったという事実である。国民の中には、女性参政権は日本国憲法一四条で女性差別が禁止され、一五条で成年者の普通選挙が保障された結果だと信じている者も多かろうが、一九四五年一二月にGHQによって女性参政権を導入する衆議院選挙法の改正が指示されており、日本国憲法制定議会ともいうべきこの第九〇帝国議会こそ、既に女性の選挙権と被選挙権に支えられていたのである。さらに、この衆議院で可決されたその修正案は、貴族院においても一〇月にかけてさらなる審議修正を受け、衆議院に戻されてその修正案が承認され、それが枢密院で可決され昭和天皇の裁可を得て現憲法は成立しているのである。

日本政府の憲法改正案に対するこの帝国議会すなわち衆議院と貴族院による具体的な文言修正は、前文の四段落すべてと本文の三〇ヵ条以上に及んでおり、とりわけ「国民」が「主権」を有する旨も明定されることとなったのであるが、それは前文第一文および第一条の「至高」という文言の英訳 sovereignty との対比をめぐる形で議論となり、憲法学上の定訳として「主権」という文言にこそ対応するものとして修正要請が実現したのである。このことによって、天皇が統治権を総攬するという君主主権原理の憲法として把握された旧憲法が、国民主権原理の憲法へと転換し、憲法が寄って立つ基本原理としての主権原理を異にするが故に、憲法学上は「改正」ではなく新憲法の「制定」ととらえられることとなったのである。さらに政府案に対して、個別文言修正以上に新たに追加された条項としては、六条二項、一〇条、一五条三項、一七条、二五条一項、三〇条、四〇条、五九条二項、六六条二項、九八条二項があり、旧九七条が削除されて、現行一〇三ヵ条の日本国憲法は成立することとなった。それが、一九四六年一一月三日に公布され、補則冒頭の第一〇〇条に従って六ヵ月後の翌四七年五月三日に施行されている。ここに列挙された追加修正が、成年者の普通選挙権を定める一五条三項、国家賠償請求権を定める一七条、生存権を定める二五条一項等、いずれもＧＨＱ草案にも日本政府案にもなかったものだということを、安倍首相はまったく知らずにいるのか、知らないことにして「押し付け憲法なのだ」と国民に信じさせようとしている、と言わなければならない。

もっとも、一九四五年四月の段階でアメリカにおいて突然ルーズベルト大統領が死去し、ソ連ないしスターリンに対して不信感を抱くトルーマン副大統領が大統領に就任したこともあって、その後の世界を規定する米ソ対立が顕在化することとなり、成立直後から日本国憲法は揺り戻しとも言うべき波に曝されるのである。すなわち、一九四八年に朝鮮半島の南北分裂が生じ、一九四九年に中華人民共和国の成立と中華民国の台湾への政府移転も生じ、ヨーロッパにおいては東西ドイツ分裂も確定し、一九五〇年に朝鮮戦争が勃発するに及んで、ＧＨＱの日本占領政策そのものが大きく右旋回を開始して行くこととなる。まず、一九四八年の政令二〇一号による公務員の団体交渉権と団体行動権とりわけ争議権の否認と一九五三年の最高裁判所によるその合憲判決が端緒とも言えよう。のちの保安隊から自衛隊への拡大改組につながる一九五〇年の警察予備隊の創設こそがその端的な表れだとする憲法研究者も多く、いずれにしても、平和、教育、福祉、労働の分野における憲法の趣旨の逸脱動向がこの右旋回の内容であると言ってよい。一九五一年に連合諸国のうちソ連等の署名のないままサンフランシスコ講和条約が締結され、同時に二国間条約としての日米安保条約も締結されて米軍が駐留することとなり、その翌年それらの条約が発効する段階以降、日本政府は明確に新憲法の「捻じ曲げ」をアメリカ政財界から「押し付け」られ続けることとなったのである。現憲法を押し付けられたのでは決してない。

Ⅲ、現に広く国民の支持を得ている自衛隊を憲法上書き込むだけですので、日本社会に何の具体的な変化も生じさせるものではありません！、というデマについて

一九五四年の自衛隊法の成立以降、現在に至るまでの世論調査に現れる自衛隊に対する国民の「信頼」感は、地震や台風等自然災害時の救援活動に対する評価を根底に置くと見なければならず、決して二〇一二年以降の南スーダン派遣等に対する評価、ましてや対外的に人の殺傷と物の破

壊を目的とする「戦闘」部隊としての評価を根底に置くものでは決してない、という点をまずは押さえ直す必要があろう。現行自衛隊法は、主要な任務をまずもって対外的な「防衛出動」（七六条）すなわち日本に対する「武力攻撃」に反撃する活動とし、対内的な反政府暴動等を鎮圧するための「治安出動」（七八条）をそれに次ぐ任務と位置づけており、「災害派遣」（八三条）は文字通り副次的任務とされているに過ぎないという事実を見落としてはならない。一九九一年のソ連崩壊後には、改めて国連総会のみならずアメリカの要請にこたえ得るＰＫＯ等協力法の成立に伴って湾岸戦争後のペルシャ湾派遣等の海外派遣が形式的に合法化されることとなり、一九九九年の周辺事態法、二〇〇一年テロ対策特措法、二〇〇三年イラク復興特措法と武力攻撃事態等対処法、二〇〇四年国民保護法等有事関連七法、二〇〇六年防衛省設置法、二〇〇八年海賊対処法等によって自衛隊の海外派遣の可能性が拡大され、二〇一四年集団的自衛権承認閣議決定を経て翌一五年には安全保障関連法の成立に至っているのである。ソ連崩壊後の世界は、アメリカの一極支配傾向が強まり、そのアメリカ政財界は世界戦略上同盟諸国の軍隊の活用すなわち日本の自衛隊や韓国軍の活用を改めて追求するようになっているのである。日本の政財界も、その意向に乗ることを石油戦略等にも関連させて是とし、国民向けには「国際貢献」の必要性として喧伝していると言ってよい。同時に、かつてのソ連脅威論に代えて北朝鮮脅威論が、外交努力を一切放棄して吹聴されているのである。

憲法九条への「自衛隊」の存在の明記は、九条三項にせよ九条の二という形にせよ、現行九条の一項および二項を残すにしても完全に空文化させ得るものであることをしっかりと認識する必要がある。すなわち「前項諸規定は、国及び国民の安全を保つために必要な自衛の措置を取ることを妨げず、そのために自衛隊を置く」とすれば、既に成立している安全保障法にも依拠して、自衛隊は「集団的自衛」の名の下に中東であろうとアフリカであろうと米政財界の要請に従って人の殺傷と物の破壊という武力の行使を、したがって「戦闘」を大手を振ってなし得ることとなる、という点も確認し直さなければならない。自衛隊法上の「防衛出動」が、上記の二〇〇〇年代に入って以降の諸法律や二〇一五年の安全保障関連法によって、自国防衛のみならずアメリカの「防衛」にまで、まさに集団的自衛いな先制的自衛にまで拡大される道がすでにでき上っているのである。自衛隊を憲法上明記することは、実は自衛隊員という日本の国家公務員を、人を殺傷し物を破壊し、また殺傷され得る存在として主権者国民が承認することを意味し、そのことを対外的に知らしめることとなり、中東やアフリカ等において医療や教育や報道に携わる日本人への不信感をも醸成する、と見なければならない。

同時に、「自衛隊」を憲法上の国家機関とすることは、対内的にもきわめて重大な国政上の変更をもたらすものである、と言わなければならない。何の変化も生じない、などと述べることこそ大きなまやかしであり、変化が生じないなら憲法上の明記も不要と切り返され得るところ、以下に述べる帰結をこそ目論むものと、主権者国民に真剣に知らしめなければならない。すなわち、まず「天皇」と「摂政」を含む「皇室」、「国会」と衆参各「議院」、「内閣」と「行政各部」、「最高裁判所」と「下級裁判所」、さらに「会計検査院」や「地方公共団体」と同様の地位、憲法上の国家機関としての地位を「自衛隊」が有することを意味し、それら各国家機関の権力作用は自衛隊の権力作用と整合することを当然に求められるのである。防衛省でさえ憲法上明記された機関ではないのであって、自衛隊はそれよりも上に場合によっては「内閣」と同等に位置づけられ得ることとなる。さらに具体的には、幹部自衛官を天皇の国事行為に基づく認証官としての地位に引き上げたり、自衛隊の活動に関する各種法的紛争を司法権を担う通常司法裁判所の管轄からはずしたり、地方公共団体に対してもまさに国家機関として国家の安全保障優先の名の下にその自治権を大きく歪めたりする各種法律改正がなされ得ると見なければならない。さらに重大な法改正が、人権諸規定に関して当然に生じ得ることとなり、たとえば取材や報道を含む表現の自由や信教の自由も学問の自由も、居住移転の自由や財産権も、身体的自由も、自衛隊のための制限に服せしめられ得ることとなる、と言わなければならない。自衛隊の活動のための徴用やそして徴兵も当然に正当化されるのだという点を、しっかりと主権者国民は受け止めなければならないのである。

Ⅳ、なぜに安倍首相は、「自衛隊」を憲法に書き込むことにこれほど執念を燃やしているのであろうか?

安倍首相は、本籍を山口県長門市に置いており、旧憲法下で一大勢力であった長州閥の流れに沿う家柄いわば「門地」にあるという点も、保守政治家としての彼の思想的根底に位置づけられるかと思われる。薩摩と並ぶ長州こそ、富国強兵という一九世紀末の日清戦争から二〇世紀初頭の日露戦争への明治期の近代化政策を推進した一大政治勢力であることは、今さら指摘するまでもなかろう。安倍首相の父方の祖父も保守系進歩党衆議院議員で、母方の祖父こそ、満州国総務庁次長や東條英樹内閣の商工大臣を経てA級戦犯被疑者となりながら、一九四九年末に巣鴨から釈放されて日米安保条約発効と同時に公職追放も解かれた岸信介である。自主軍備確立と自主憲法制定を掲げて自由党と民主党の保守合同を推進したこの岸の娘婿で、その岸首相秘書官も務めて政界のプリンスと言われながら、リクルート事件で嫌疑をかけられ膵臓ガンで急逝した安倍晋太郎、を父とする安倍首相は、いわば保守政治勢力の「サラブレッド」とも称される所以を持つ人物なのである。

一九五五年に吉田茂率いる自由党と鳩山一郎率いる日本民主党の保守合同によって結党された自由民主党は、「現行憲法の自主的改正」や「自衛軍備」を「党の政綱」に掲げていた。それは、天皇や神道に民族的根底的価値の源泉を見出す思想勢力と資本主義的帝国主義的な上部構造構築を目指す財界勢力とを背景とする、保守政治勢力を支持基盤とする政党であると言ってよい。この自民党の総裁として、安倍は戦後生まれの最年少首相となった二〇〇六年に、一九七〇年代の田中角栄首相、八〇年代の中曽根康弘首相が成し得なかった党是である「改憲」を、史上初めて首相就任演説で表明した。が、防衛庁の省昇格や教育基本法改正や憲法改正国民投票法成立を実現させつつも、二〇〇四年の「九条の会アピール」に呼応した全国の草の根九条の会の動向にも後押しされた反安倍首相勢力の結集による二〇〇六年参院選の敗北後、恐らくは八月の靖国神社参拝を断念せざるを得ないという葛藤をも背景としたのか、重度の内臓疾患によって自他共に予想外のわずか一年で退陣を余儀なくされることとなったのである。

二〇〇五年一一月の小泉純一郎首相時に、自民党が結党五〇周年に合わせる形で「新しい憲法の制定」を新綱領に掲げて「新憲法草案」という全面改正案を発表したが、小泉首相は郵政民営化に取り組み、改憲は次期首相安倍に委ねられていたのである。安倍退任後、上記保守政治勢力は、いわば次善の策として、吉田茂の娘婿を父とし三笠宮寛仁妃を妹に持ち多大な資金源を背景とする麻生太郎を自民党総裁・総理に担いで「改憲」を目論んだが、一年後に突然全世界を巻き込んだいわゆるリーマンショックに見舞われて退陣を余儀なくされ、継いだ福田康夫は必ずしも改憲に意欲を有さず、二〇〇九年以降は民主党三名の短命内閣が二〇一一年の東日本大震災を挟んで続くこととなった。そこで上記勢力は、改めて安倍の仕切り直し内閣の実現に向けて動き、二〇一二年暮れに野田民主党内閣を倒した、と見るべきものと思われる。

上記勢力は、実は一九九九年の通常国会を二ヵ月延長させて、実質的な憲法改正と目される諸法律を次々に成立させていた、と報告者である私吉田は観察分析して、そのことを二〇〇〇年春の憲法学会で報告している。その法律群は、周辺事態法、国旗国歌法、通信傍受法、国民番号法、中央省庁大改革法（内閣法改正や内閣府設置法や国土交通省設置法等四三〇本余）、地方分権大改革法（地方自治法改正を含む四七〇本余）、国立大学や国立病院を廃止する独立行政法人通則法（関連三〇本余）等をさす。この時点における国土交通省の設定は、従来から財界とりわけゼネコン系巨大企業が建設省と運輸省の許認可権枠組みの合理化要求を満たすために目論んだものと見るべきであって、国交大臣に当初の扇千景以降数次に渡って保守党ないし公明党の議員を振り分けているのは、財界と自民党の結合への疑念ないし批判をかわす狙いがあると言えよう。それ以上に見ておくべきは、「政治主導の実現」というスローガンの下に、内閣法改正と内閣府設置法制定を中心とする内閣官房の巨大化と副大臣と大臣政務官の多数設定による与党国会議員の内閣への取り込みが図られたことである。この動向によって、肩書を欲する与党国会議員の首相への服従が醸成されることとなり、さらに二〇一四年に内閣官房内に設置された内閣人事局によって各省の事務次官や局長等の高級官僚の人事も首相に握られることとなり、モリカケ問題にも現れたような「忖度」政治が横行することとなっているのである。

これらの動向は、上記自民党支持勢力が目指す上部構造の骨格をなすと見る必要があり、その総仕上げが「改憲」による自衛隊の憲法編入である。その下部構造は言うまでもなく上でも触れた日米財界が目指す帝国主義的経済発展すなわち「軍需」の飛躍的拡大である、と見なければならない。利潤追求上最大の魅力ある商品こそ実は軍用兵器であり、その買い手は倒産の恐れのない国家であり、値切られる恐れもない「濡れ手に粟」の国家予算措置に委ねられ、材料資源やエネルギーを獲得するための他国の武力制圧手段となるものである。アメリカの軍事産業への貢献も、かつてベトナム戦争の終結が予想される段階で生じたロッキード事件を引き合いに出すまでもなく、近時の安倍トランプのゴルフ談議でのイージスアショア二機六〇〇〇億の商談成立にも、しっかりと見て取る必要があろう。さらに当然のことながら、日本の財界にとってもその需要は極めて大きく、鉄鋼業や造船業にとどまらず、自動車系や家電系から薬品系や衣料系に至るまでほぼすべての産業が軍需には関係すると言わなければならない。

さまざまな軍関連の衣料品や食料品さらには装備品や弾薬等に始まり、一丁一〇〇万円から二〇〇万円と言われる軽機関銃の数万丁受注は、商社を通じて金属系の製造業者の子会社孫会社をどう潤すことになるか、想像するに難くない。最新式大型観光バスの倍の一億円程と見積もられる軍機動車や五億円程とされる偵察警戒車を数百台という商談成立は、文字通り御の字となろうか。戦車一両一〇億、軍用輸送ヘリ一機三〇億、戦闘ヘリ六〇億、ジェット戦闘機一二〇億、対潜哨戒機一六〇億、オスプレイ二二〇億、潜水艦五五〇億、イージス護衛艦一四〇〇億と言われる。某重工業は、他国を先制攻撃でき、他国民・他国土を「自衛」の名の下に殺傷・破壊する「空母」数千億円の受注計画をすでに練っているとも言われる。自衛隊という国家機関の憲法編入は、平和、教育、医療、福祉、労働に割くべき国民の税金を、殺傷破壊兵器に投下させようという企てである、と断言したく思う。安倍首相の三つのデマをしっかりと論破し、時代錯誤のアベノミクス富国強兵策を実現させてはならない、と憲法研究者である報告者は強く考えている。

（よしだ えいじ・関西大学法学部・憲法）

特集　日本国憲法と政治変革の課題

「市民と野党の共闘」と政治変革の課題

山田敬男

はじめに

安倍内閣の七年と「二つの国づくり」

安倍晋三が最初に首相に就任したのが二〇〇六年九月であった。ところが、〝戦後レジュームの打破〟をめざす強硬路線（教育基本法の改悪、国民投票法の制定など）が国民の反発を受け、〇七年の参院選で過半数割れという大敗北を遂げ、退陣する。そして、安倍晋三が再び政権に復帰したのは、二〇一二年一二月のことである。それ以後七年にわたって安倍内閣の悪政が続いた。一方で、金融緩和や財政出動、規制緩和を主な内容とする「アベノミクス」による経済の再建を主張し、公然と「企業が世界で一番活躍しやすい国」を目指してきた。大企業と富裕層は空前の利益を上げているが、労働者や国民の暮らしは苦しくなり、貧困と格差が拡大している。とりわけ、一四年四月と昨年一〇月に消費税増税が強行され（一四年が八％、昨年が一〇％へ）、家計と消費が冷え込み、日本経済の長期にわたる停滞が続いている。暮らしと経済を破壊した安倍内閣の責任は重大である。

他方で、日米同盟を再優先し、そのもとで、秘密保護法を強行し（一三年一二月）、一四年七月、集団的自衛権の行使を容認する閣議決定を行い、一五年九月には、安保関連法＝戦争法を強行した。「海外で戦争する国」の構築を目指したのである。その安倍内閣が自衛隊の中東派兵を強行した。トランプ米政権の要請に応え、対イラン「有志連合」への参加の準備がすすんでいる。

安倍内閣は、こうした「二つの国づくり」を民意無視の強権的手法で強行しようとしている。沖縄の県知事選や県民投票で民意が示されても、新基地建設を強行する姿はその象徴といえる。国民の多数が反対していても、「数の力」で強行する専制政治そのものである。この専制政治が、嘘と隠蔽の政治と一体となっているところに安倍政治の特質がある。森友・加計疑惑で首相のウソにつじつまを合わせるための公文書の改ざん、南スーダンの自衛隊の「日報隠し」、「働き方改革」法をめぐるデータねつ造、外国人労働者の劣悪な労働実態の調査結果の改ざんと隠蔽、勤労統計の偽装など政治モラルの大崩壊が進んでいる。そして今度の「桜を見る会」疑惑である。民主主義の根幹を揺るがす政治の劣化に歯止めをかけ、ウソのないあたりまえの政治を取り戻すことが求められている。そのためにも、安倍内閣を辞めさせることが国民的課題になっている。

一　社会運動の再生と「市民と野党の共闘」の成立

（1）二〇一九年七月の参議院選挙　改憲勢力の三分の二割れ

安倍内閣を辞めさせるには、「市民と野党の共闘」しかない。この間の「共闘」の前進によって、確実に政治の変化が生まれている。昨年（二〇一九年）七月の参議院選挙の最大の成果は改憲勢力に三分の二を維持させなかったことにある。安倍内閣の改憲戦略に大きな打撃を与えた。最大の要因は、三二の一人区で野党共闘が成立し、一〇選挙区で統一候補が勝利したことにある。統一候補の獲得数は、四野党（立憲民主、共産、国民、社民）の比例票を超えている。

自民党は、改選議席から、九議席減らし、前回（二〇一六年）に二七年ぶりに回復した単独過半数を失った。比例では前回と同じ一九議席であったが、得票は約二四〇万票減らした。選挙区の「絶対得票率」は二割を切った（一八・九％）。第二次安倍内閣発足後、国政選挙の選挙区での絶対得票率は、二割台で推移してきたが、今回初めて二割を切ったのである。

一三項目の「共通政策」の意義

画期的であったのは、昨年、参議院選挙直前の五月二九日、市民連合と五野党・会派が一三項目の「共通政策」に合意したことである。そこには、安倍改憲阻止、安保法制＝戦争法廃止、沖縄の新基地建設の中止、消費税一〇%増税反対、原発ゼロの実現などの国政の中心的課題に対する対抗軸を明確にしながら、最低賃金「一五〇〇円」の実現やジェンダー平等なども明記されていた。

この意味に関して、市民連合を構成する総がかり行動実行委員会の共同代表の小田川義和は、政策協定一三項目が、「市民連合と各政党間でキャッチボールしながらまとめ」られたと語っている。また同じく総がかり行動実行委員会の共同代表で「一〇〇〇人委員会」の高田健は「一九年の政策協定の一六年との大きな違いは、憲法、安保法制、平和の問題での発展に加え、生活の問題、ジェンダーの問題、若者たちの仕事の問題にまで踏み込んでいったこと」にあるとのべ、さらに注目すべきは「これはだれかが頭の中で考え出して並べたものではなく、運動の中から要求されて生み出されてきた」のだと指摘している。

野党の共闘には、安倍らが攻撃するような野合ではなく、野党と市民連合の「キャッチボール」でまとめられた要求にもとづく政策合意が存在しているのである。まさに運動のなかから生み出された要求を基礎に共闘が成立したのである。

（２）社会運動の発展と新しい「共闘」の成立
これまで経験のない共同闘争

このように、今日の「市民と野党の共闘」は一定の成果を発揮しているが、この「共闘」を支えているのはかつてない市民運動の発展にある。その発展のなかで二〇一五年の戦争法反対の国民的たたかいがあり、同年一二月に市民連合（安保法制の廃止と立憲主義の回復を求める市民連合）が発足した。そして翌二〇一六年の参議院選挙から、「市民と野党の共闘」が具体化され、それから四年、様々な逆流があったが、それとたたかいながら、共闘が前進してきた。この共闘の構成は、左派、リベラリズム、良心的保守層という三つの潮流を基本とする大連合である。この関係は、対等平等であり、リスペクトを基調に成立していることに今日の共闘の特徴がある。

こうした共闘は、戦後の歴史を見ても、初めてのことである。歴史的に見ると、一九六〇年代後半～七〇年代に社会運動が高揚し、それを土台に全国に革新自治体が生まれたが、一九八〇年の「社公合意」で革新統一が壊され、その前後に革新自治体が全国で敗北し、社会運動が分裂した。八〇～九〇年代は、社会運動の分断と混乱の時期である。それが、二一世紀に入り、〇四～〇九年頃に状況が大きく変わり始めたのである。

〇四年の「九条の会」の発足や〇八～〇九年のリーマンショック時の「派遣村」などを契機に、社会運動の再生が開始されたが、それがさらに大きく発展したのが、二〇一一年「三・一一」の東日本大震災と福島原発事故からであった。この「三・一一」を契機に、脱原発の運動、沖縄の新基地反対闘争、TPP反対闘争、労働法制改悪反対闘争、消費税増税反対闘争、秘密保護法反対闘争など「一点共闘」と言われる多様な社会運動が連動しながら大きく前進する。とくに、脱原発の共同行動の前進と「オール沖縄」による新基地建設反対のたたかいが、二〇一五年の戦争法反対の歴史的な国民運動の発展に継続した。この歴史的な国民運動の発展のなかから「市民と野党の共闘」が生まれた。

脱原発と「オール沖縄」のたたかい

一二年三月二九日、三〇〇名で始まった脱原発の首相官邸前抗議行動の発展が与えた影響はきわめて大きなものがあった。野田内閣（当時）の大飯原発再稼働決定を契機に、一挙に四万人台、一五万人台と急増し、六月二九日には二〇万人を超えて空前の抗議行動に発展した。八月には当時の野田首相と面会するまでになる。官邸前行動に参加した三九歳の女性が「いままで何度選挙に行っても裏切られ、政治や社会は変わらないと思っていた。でもその無関心が野田総理や政治家の暴走を許していることに気づきました。もう諦めたくない。九九％の国民のための社会にしたい。社会を変えるにはまず自分が変わり、行動しないと。その種をまく人になりたいと思っています」とのべているように、自分の生き方を見直しながら、多くの市民が運動に参加し始めた。この官邸前の行動が全国に大きな影響を与え、全国各地で「普通の市民」たちによる反原発の行動が活発になっていった。

沖縄では、新基地建設による海兵隊基地の再編強化が、安倍内閣の強権的やり方で進められ、「オール沖縄」と呼ばれる島ぐるみのたたかいに発展した。二〇一四年には、一月名護市長選、九月名護市議選、一一月県知事選、一二月衆議院総選挙などが行われたが、そのすべてで自民党を打ち破って、「オール沖縄」の基地建設反対派が圧勝した。

安倍政権と自民党本部が新基地建設を容認しない「沖縄県連」を変節、屈服させようとしたときが岐路であった。二〇一三年一一月、自民党は沖縄選出の五人の国会議員の新基地建設反対（県外移設）の公約「撤回」の記者会見を行った。また、仲井知事（当時）が公約を裏切り、辺野古埋め立てを承認する。

こうした自民党の強硬策に、沖縄自民党が事実上分裂し、これまでの沖縄自民党の中心的幹部たちの離反が本格化した。この象徴が、一四年一二月の総選挙において沖縄四区で当選した仲里利信の場合である。彼の転機は、第一次安倍内閣の教科書問題（〇七年）である。高校日本史の教科書検定で沖縄戦における集団自決について「日本軍が強制した」との記述が削除されたが、当時県議会議長であった仲里は、議会の反対意見を伝えるために、半年間に六回上京した。仲里は自民党県議を四期務める県内保守の重鎮であった。しかし、安倍首相に一度も会うことができなかった。このことを契機に、仲里は新基地反対の立場を明確にすることになる（『朝日新聞』二〇一五年一月一八日）。ここで注目するのは、仲里の原点とも言える恐怖の沖縄戦の体験である。沖縄戦の時に家族でガマ（洞窟）に入ると、三歳の妹が泣き出し、後から入ってきた日本兵から毒入りおむすびを渡されるが、死ぬときは一緒と家族とともにガマを出たという体験を持っている。沖縄戦では、祖父と父、一歳だった弟をなくしている。こうした言葉で言い尽くせない恐怖の沖縄戦が、党派を超えた沖縄県民の土台に存在している。まさに戦後の沖縄のアイデンティティーである。これを無視する安倍内閣の新基地建設の暴挙が、保守革新の枠組みを超えた「オール沖縄」のたたかいを可能にしているのである。

二〇一五年の安保関連法反対闘争の歴史的意味

二〇一五年の安保関連法反対闘争は画期的な意味を持っていた。二一世紀に復活した社会運動が一つに合流し、「野党は共闘」が運動の中で叫ばれ、たたかいのなかで、「市民と野党の共闘」が実現する。

二〇一五年のたたかいの特徴は、第一に、既存のほとんどの護憲勢力を結集した「総がかり行動実行委員会」が結成され（一四年一二月）、国民的共同の受け皿として大きな役割を果たしたことである。市民運動団体の「解釈で憲法九条を壊すな！実行委員会」が仲立ちとなって、連合系組合が参加する「戦争をさせない一〇〇〇人委員会」、全労連が参加する「憲法共同センター」との共闘が実現した。

国民的共同を土台で支える共同組織であり、統一戦線組織でもある「総がかり行動実行委員会」が結成されたことはきわめて大きな意味を持っていた。

第二に、この「総がかり行動実行委員会」とSEALDs（自由と民主主義のための学生緊急行動）、若者憲法集会実行委員会、「安保関連法案に反対するママの会」「安保関連法案に反対する学者の会」などの広範な市民運動が合流し、空前の国民的共同が実現した。この市民運動は、合法主義、非暴力主義に徹し、誰もが気軽に参加できる運動をつくりだし、さらに、既存の平和民主勢力との連携を求めていることに大きな特徴がある。この市民運動が発展し、一五年一二月、市民連合が発足する。

第三に、この国民的共同が新しい社会運動の質をつくり出している。それは運動参加者が、自分の意思で参加し、自分の言葉で怒りを表現し、自分の足で行動に立ち上がっている。主権者としての自覚の成熟の反映である。それは「個人の尊厳」の自覚でもあった。この意味で、安保関連法のたたかいは、主権者が主権者としての自分を取り戻す運動でもあった。

分断と逆流とのたたかい

二〇一六年七月の参院選で「市民と野党の共闘」が具体化された。改憲勢力が国会発議に必要な三分の二をこえたが、三二のすべての一人区で野党共闘が実現し、一一の選挙区で勝利する貴重な成果をあげたのである。しかし、共闘への分断と逆流が激しくなる。

一七年一〇月二二日、総選挙が行われた。森友・加計問題の疑惑で安倍内閣の支持率が下落し、七月の都議選で自民党が歴史的惨敗をするなかで、今のうちならまだ何とかなるという追い詰められた結果の「大義なき解散」であった。『産経新聞』編集局次長兼政治部長（当時）の石橋文登が「首相が密かにはじいた自民党の目標議席は現有マイナス四〇の二五〇議席。安定して政権運営できるギリギリの線だった」（『産経新聞』一七年一〇月二三日）とのべているように、先にのばせばのばすほど危なくなる、やるのであればいましかないという「やむなく引いた解散」であったのである。

そのうえで「市民と野党の共闘」の分断攻撃が行われ、選挙直前、野党第一党の民進党が〝希望の党〟に合流することになり、選挙直前に野党第一党がなくなるという前代未聞のできごとが生じた。まさに分断と逆流そのものであった。その結果、自民党など改憲勢力が衆議院の三分の二の議席を維持する結果となる。

この分断と逆流に抗して、「市民と野党の共闘」を守り発展させる新しいたたかいが生まれ、今後のたたかいの可能性を切り開いた。理不尽な〝希望の党〟への合流に反対して、枝野幸男を中心に立憲民主党が発足する。こうして、立憲民主党、日本共産党、社民党の三野党が、市民連合と七項目の政策合意を結び、市民と野党共闘の体制をつくり、総選挙に臨んだのである。立憲民主党は議席を三倍以上にのばし、野党第一党になる。画期的な成果であった。

こうして、逆流と分断の攻撃とたたかいながら、「市民と野党の共闘」が再出発し、それが先ほど述べた昨年（一九年七月）の参議院選挙でついに改憲勢力の三分の二割れを実現することになる。一三項目の「共通政策」の合意はその到達点であった。

二　社会運動再生の要因と政治変革の可能性

（1）社会運動再生の要因

憲法・民主主義破壊への危機感

それでは、こうした「共闘」を生み出した社会運動の再生と発展がなぜ可能になったのか、その要因を考えてみよう。

第一に、多くの市民の中で、憲法や民主主義の根本的破壊に対する不安と危機感が深刻になったことである。アメリカのアフガニスタン戦争やイラク戦争に日本政府が協力する中で、日米同盟がグローバル化し、やがてそのために九条改憲が提起された。とくに二〇〇六年に安倍内閣が登場すると、改憲の危険性が現実のものになる。二〇〇六年に教育基本法の改悪が、二〇〇七年に国民投票法の制定が強行された。そして、財界も改憲路線に踏み切る。日本経団連「わが国の基本問題を考える」（二〇〇五年）で「憲法改正のアプローチ」として、九条二項の削除と改憲手続きの簡略化をめざす九六条の改定などを優先する改憲構想が発表される。こうした動きに、作家の大江健三郎、井上ひさし、哲学の鶴見俊輔、評論家の加藤周一ら九人の呼びかけで九条改憲反対を一致点とする「九条の会」がつくられ（二〇〇四年）、大きく発展した。良心的リベラリズムが社会運動の積極的な提起を行ったのである。

同時に、沖縄の新基地建設反対闘争に見られるように、良心的保守層が、安倍自民党に反発し、運動の中で極めて大きな役割を果たすようになる。基地闘争の先頭に立った沖縄の前知事である翁長雄志が「沖縄の保守政治家である私は、何よりもまず沖縄の子や孫たちのために将来の沖縄がどうあるべきかを考えます。その中で日米同盟、日米安保体制のよりよいあり方を模索します。」「沖縄ではアイデンティティーという視点に立って、初めて保守と革新を乗り越えることができる」（翁長雄志『たたかう民意』）と語っているように、保守対革新という枠を超えた「オール沖縄」のたたかいが現実のものになった。それは沖縄の将来に徹底的にこだわるアイデンティティーという視点に立つことによって可能になったと翁長は指摘している。

こうして革新とともに、リベラリズム、良心的保守層の連携が生まれ始めたのである。

新自由主義的改革による社会の荒廃への危機感

第二に、新自由主義的「構造改革」の全面的展開によって、日本社会が効率性、競争と分断、「自己責任」などを特徴とする新自由主義的社会に変質し、国民の不安が深刻になったことにある。一九九五年の「新時代の『日本的経営』」以降、非正規労働者が増大する。非正規労働者の四人に三人が年収二〇〇万円以下のワーキングプアである。さらに、一九九八年から一三年間連続して、自殺者が三万人台になる。職場、地域の人間関係が崩れ、地域社会の解体がすすみ、NHKスペシャル（二〇一〇年一月三一日放送）が日本社会は〝無縁社会〟になり、国民の〝究極の孤独〟が進行していると指摘するまでになった。格差と貧困が拡大し、国民の分断と孤独が深刻になり、社会の荒廃に対する良心的保守層を含む国民の危機感が増大した。

日本共産党の路線の深化

第三に、日本の社会運動に一定の影響力を持つ日本共産党の路線の深化があったことである。同党は自主独立の立場を堅持し、先進国社会、市民社会に照応する革命政党への脱皮を目的意識的に追求した。一九七〇年代から、根本的なスターリン批判とレーニン理論の見直しを行いながら、マルクスの理論と精神に立ち戻る探求が本格的に開始された。革命論＝社会変革論の分野における「機動戦型階級闘争論」から「陣地戦型多数者革命論」への転換とも言える。その到達点が、二〇〇〇年の第二二回大会での規約の全面改定であり、二〇〇四年の第二三回大会における新綱領の確定であった。

先進国革命路線の探求にとってスターリン理論の根本的見直しが避けられなかった。その意味で、一九七二年に発表された『日本共産党の五十年』は、日本の労働運動にも大きな意味を持っていた。とくに戦前の『二七テーゼ』『三二テーゼ』の歴史的意義と同時に、そこに現れている「社会民主主義主要打撃論」や「社会ファシズム論」の問題を歴史的に検討し、労働運動の面でも、プロフィンテルンに加盟していた全協のセクト主義として、「革命的反対派」を構築する赤色労働組合主義の問題を指摘したのである。戦前戦後の左派勢力にあったセクト主義を明示的に示し、その問題点を明確にした。

共産党の路線の発展に大きな意味を持つのは、一九七六年の第一三回臨時党大会であった。この大会で、「マルクス・レーニン主義」の呼称が「科学的社会主義」に変更される。そして、「自由と民主主義の宣言」が発表された。この「宣言」の中で、「三つの自由」(「市民的政治的自由」、「生存の自由」、「民族の自由」)が提起され、民主主義革命の段階でも、未来社会の段階でもこの「三つの自由」を守り、全面的に発展させることがあきらかにされる。

二〇〇〇年の第二二回大会で共産党の規約が全面改定され、「前衛政党」規定が削除された。規約改定の報告で、不破哲三(当時委員長)は「『前衛政党』の規定も、この事業の歴史の中で見れば一時期にあらわれた規定であって、科学的社会主義の事業とその共産党論、労働者党論の、初めからの本来のものではありませんでした」と指摘している(『前衛』大会特集一二二頁)。さらに、不破は、大会前の七中総(二〇〇〇年九月)における党規約改定報告で「この『前衛』という言葉には、誤解されやすい要素がありま す。つまり、私たちが、党と国民との関係、あるいは、党とその他の団体との関係を、『指導するもの』『指導されるもの』との関係としてとらえているのではないかと見られる誤解であります」とまで述べている(『前衛』大会特集一四三頁)。創立以来の前衛政党という規定を正式にとりやめ、指導政党という立場を否定したのである。

この前衛規定の削除は、統一戦線運動や社会運動のありかたにきわめて大きな影響を与えた。共産党と労働組合、市民団体、民主団体の関係は対等平等であり、革命政党であるかどうかは看板で決まるのではなく、実際のイニシアチブや実績による労働者や国民の信頼によって決まるという立場を明確にしたのである。これは事実上のスターリンのベルト理論(労働組合は共産党の指導下にあるべきという考え方)の批判でもあった。

こうした共産党の路線の深化は、これまでのセクト主義的体質を克服し、その後の革新勢力の社会運動への関わりかたを大きく変えていくことになる。

(2) 政治を変えることは可能である
地殻変動が起きている——沖縄、東北、埼玉の場合

この間のたたかいのなかで、地殻変動とも言える変化が生まれている。沖縄の場合を見ると、一三項目の「共通政策」のなかに「新基地建設を直ちに中止」が明確に位置づけられたことにより、共闘の源流ともいえる「オール沖縄」のたたかいと「市民と野党の共闘」が一つに合流した。沖縄では、少女暴行事件、沖縄戦における軍命による集団自決が歴史教科書から削除されたこと、さらに民意を無視した辺野古新基地建設強行などで保守対革新という枠組みを超える「オール沖縄」という新しい枠組みが生まれた。この総意が、オスプレイ配備撤回、普天間基地の閉鎖撤去、県内移設反対などを掲げた二〇一三年の「建白書」に示されている。一三年以降の国政選挙や知事選を見ると、参院選三回(一三年七月、一六年七月、一九年七月)、知事選二回(一四年一一月、一八年九月)、衆院選二回(一四年一二月、一七年一〇月)、衆院三区補選(一九年四月)になるが、一七年一〇月の衆院四区を除いてすべてで「オール沖縄」が勝利している。さらに、昨年(一九年)二月の県民投票で「反対」が七割を超えた。沖縄では、「オール沖縄」のたたかいと「市民と野党の共闘」が結合することによって、「建白書」を実行させる連合政府の実現が「オール沖縄」の要求になりつつある。

さらに、東北の変化に注目する。昨年の参議院選において東北六県は、自民党現職(公明推薦)に野党統一の新人が挑むたたかいであったが、激戦の結果、青森と福島以外、野党統一が四勝した。自民党が「重点区」と位置づけた秋田には、最終盤に安倍首相と菅官房長官が同時に応援に入る特別の対応をしたが、野党統一候補が勝利した。秋田では、安倍政権がねらう陸上配備型ミサイル迎撃システム「イージス・アショア」配備を認めるかが重要な争点であったが、配備反対を明確にした野党統一候補が勝利した。

昨年の参院選の結果、非改選議員を含めて東北六県一二人の参院議員のうち九人が野党統一で勝利した議員になる。岩手に続き、宮城、山形で自民党参院議員がいなくなった。これまで、東北は保守王国と言われ、自民党の牙城であったが、いまでは「市民と野党の共闘」があたりまえになり、共闘の拠点とも言える大きな変化が生まれている。

また、野党共闘を促進する埼玉の市民運動が注目される。二〇一四年の集団的自衛権容認の閣議決定を契起に、同年

一〇月、「オール埼玉総行動実行委員会」が四一団体・二五個人で発足した。二〇一五年五月の大集会には、北浦和公園に一万人を超える労働者・市民が結集し、以降、二〇一九年六月までに、八回の一万人規模の集会を重ね、集会では、野党各党が壇上に並んだ。実行委員会には「戦争をさせない一〇〇〇人委員会」が参加した。これを通じて、自治労埼玉や日教組埼玉などの連合傘下の組合が参加し、また、JR東労組も実行委員会に参加する。二〇一五年五月の集会から埼玉弁護士会が後援団体となり、同年九月の集会では連合埼玉の代表が連帯あいさつを行った。二〇一六年三月の集会からは、弁護士会、連合埼玉、埼労連が後援団体として名をつらねる。

さらに、一五の小選挙区制に対応する地域でつくられている「地域連絡会」が集会の共催団体になっている。そして、ママの会や大学人の会、レッドアクション、九条の会埼玉県連絡会などが協賛団体として加わっている。中央の「安保法制の廃止と立憲主義の回復を求める市民連合」に呼応する「市民が野党をつなぐ埼玉の会」も発足し、協賛団体となる。

こうした野党共闘を促進する多面的で重層的な市民的運動の広がりが、定数四の二〇一九年参院選において、立憲民主、共産両党が議席を獲得し、続く埼玉県知事選挙でも、野党共闘が勝利する原動力になった。

「共闘」こそ政治を変える「力」である

この間、安倍内閣の支持率が低下している。しかし、それでもそれなりに安倍内閣の支持があるのはなぜか。それは、安倍内閣の積極的支持と言うより、支持の多くは、他の選択肢がないから仕方がないという消極的なものが多いのが実情である。これは野党への不満や批判と結びついている。したがって、「市民と野党の共闘」を本物に発展させ、日本の変革の展望を昨年の一三項目の「共通政策」をより豊かに発展させながら、連合政権の構想を具体的にして、安倍内閣に代わる他の選択肢があることを明確にすれば、事態は急速に変わるに違いない。

昨年の参議院選挙の低投票率が深刻な問題になった。投票率は全体で四八・八〇%（二四年ぶりに五割を割る）であった。しかし、注目すべきは野党統一候補の勝利した選挙区が投票率のトップ五を占めていることである。全国一位が山形で六〇・七四%、続いて岩手五六・五五%、秋田五六・二九%、新潟五五・三二%、長野五四・二九%であった。争点が具体的になり、政策が積極的に議論されれば、国民の政治的関心が高まり、政治を変えることが可能であることを示している。政治を変えることは可能なのである。

三　労働組合運動に求められているもの

こうした変革の力である共闘を成功させていくためにも、労働組合運動の存在意味が問われている。

これまでも労働組合は一定の役割を果たしてきたが、連合政府をつくるという中期的な展望に立った場合には、よく言われる「敷布団」の役割にとどまっていてはならない。やはり組織された力を持つ労働組合が、この共闘の推進的な役割を果たすところまでいかないといけない。これは国民的な課題といえる。ところが、一九九〇年代以来、労働組合運動は構造的に困難な状況に置かれ続けている。

七〇年代後半から、労働戦線の右翼的再編が本格化し、八九年の連合の成立に見られるように、戦後初めて、右翼的潮流が労働運動の主導権を握る時代になっている。

（1）多国籍企業化の本格的な開始と「構造改革」路線の推進

転機としての九〇年代

九〇年代の日本経済は「失われた一〇年」と呼ばれている。高度成長期の驚異的な経済発展、二度のオイルショックを乗りこえた八〇年代の経済大国化というように、五〇年代半ばから八〇年代にかけて日本経済は飛躍的に発展した。ところが九〇年代になって事態は一変する。かつて経験したことがない長期の経済的停滞に陥り、これまでの輸出を軸とする日本経済の限界が明白になった。その意味で日本経済のあり方が問われる歴史的岐路にさしかかっていたのである。

九〇年代の日本経済の特徴は、多国籍企業化が本格的に開始されたことにある。日本経済のグローバル化への転換と言える。こうした多国籍企業化の本格的開始にともなう経済構造の「改革」＝「構造改革」の動きが始まった。財界・大企業は総人件費を削減し、国際競争力を高めるために、終身雇用や年功制などのこれまでの「日本的経営」の改革を強く求めるようになる。一九九四年三月にデトロイトで開かれたＧ７の「雇用サミット」、同年七月のナポリ・サミット、一九九五年六月のハリファックス（カナダ）サミットなどで「硬直した労働市場」の「構造改革」によって「労働市場の弾力化」を実現するアメリカ主導の国際的「雇用戦略」の推進が合意された。この国際的「雇用戦略」の展開の中で、日経連（当時）の総会で「新時代の『日本的経営』」（一九九五年）が決定されたのである。従来の「日本的経営」の改革要求は、「アメリカン・グローバリズム」のもとでのアメリカ多国籍企業の要求でもあった。

「構造改革」と「日本的経営」の改革

一九九六年一一月、第二次橋本内閣が成立する。橋本首相は、所信表明演説で、行政改革、経済構造改革、金融システム改革、社会保障構造改革、財政構造改革の五つの「改革」を提起した。のちに教育改革が加わり、「橋本六大改革」とよばれる。

財政再建を口実に、一九九七年四月に消費税が三％から五％に引き上げられ、九月には医療保険制度を「改革」し、医療保険の本人二割負担の導入が強行された。この結果、約九兆円の負担増が国民に強いられることになる。こうして、再び消費不況が強まり、景気が急速に悪化することになった。

橋本内閣の「構造改革」推進の背景には、日本の財界が「構造改革」路線を正式に採用したことがある。それを示すのが一九九六年に発表された経団連の「『魅力ある日本』―創造への責任」（豊田ビジョン）であった。豊田ビジョン（豊田章一郎経団連会長）は、それまでの「追いつけ、追い越せ」型の「一国フルセット型産業構造」から多国籍企業化と国内競争力の強化に適した「ハイブリッド型産業構造」への転換を提起し、経済的規制の撤廃による「脱規制社会」、行財政改革による「小さく効率的な政府」や労働法制の規制緩和による「創造的な人材」の育成、などを提言していた。

こうした九〇年代を転機とする構造改革の本格的推進による日本社会の変貌を背景に、日本の労働運動の構造的困難が本格化する。

（2）労働運動の構造的困難な時代

それでは、構造的困難さの特徴はどこにあるのか。

労働者の集団的関係が壊され、労働者の社会性が喪失

第一に、九〇年代の新自由主義的構造改革によって、職場社会が大きく変貌し、労働者の集団的関係が壊されたことである。九五年の「新時代の『日本的経営』」（当時の日経連）を画期に、成果主義による労働者管理の体制が強まり、年齢や勤続年数に代わって仕事の成果や業績、企業への貢献が昇進や昇給の物差しとなる。そのことによって、労働者間の競争が激しくなり、長時間過密労働が一般的になった。もう一つは、専門職から一般職まで労働者の主力が非正規雇用労働者に置き換えられたことである。こうした雇用政策の転換によって、終身雇用や年功制が縮小・解体され、一部のエリート労働者と多数の非正規労働者に分断される。雇用政策の根本的ともいえる転換によって、職場のあり方が大きく変わっていった。労働者を一部の上層部分と大量の中下層部分に分断し、多くの労働者を企業「共同体」から排除し、競争のなかで生きることを強いる支配の形への転換でもあった。急速にすすむ分断と激しくなる競争によって、職場の労働者同士の集団的関係が壊されていった。労働者はバラバラになり、孤独を深めていく。重要なことは、この中で、差別やいじめ、不正など理不尽なことは許さないという「まともな人間関係」が奪われていったことである。本音のつきあいがなくなり、労働者の居場所も失われていった。

言い方を変えれば、労働者の社会性の喪失とも言える。こうなると多くの労働者は孤立と不安の中で働き生きることを余儀なくされ、仲間のことに関心を持てなくなり、「自分のことで精一杯」となり、自分中心に、個人を中心に社会を見る非科学的な考え方が浸透していくことになる。新自由主義的構造改革によって、職場における集団的関係が壊され、労働者の団結の基盤の破壊が進行した。

「国民的教養」と「集団的自治能力」の欠如が深刻な問題

第二に、八〇年代後半からの新自由主義的教育改革によって、教育が歪められ、エリート養成の競争と効率性を重視する教育改革によって、教育の荒廃が進行したことである。このエリート養成の教育改革により、「競争と管理」の教育が強化され、教育の弊害が指摘されるようになる。

その結果、主権者として、市民として自立するために、また、労働者として自立するうえで求められる「国民的教養」と「集団的自治能力」の欠如が深刻な問題になっている。いまの学校教育のなかで、きちんとした主権者教育、憲法に基づく政治教育がなされていないのである。たとえば、憲法とは何か、国民主権とは何か、政治参加と選挙権の問題、さらに、主権者である国民にどのような権利が保障されているのか、国民の圧倒的多数を占める労働者と労働組合を守るどのような法的権利が保障されているのか、などという基本的な問題が正確に教えられることがあまりない。

「集団的自治能力」の欠如という問題も、いまの学校教育の弊害と結びついている。異常な競争主義の中で、生徒会活動やクラス活動が昔と違い、かなり形骸化しており、場合によっては崩壊さえしている。みんなで（集団で）議論しながら、一つのことをやり遂げる楽しさの経験を持たないで学校を卒業して社会人、労働者になる場合が多くなっている。本来学校教育の中で身につけなければならない集団的自治能力の欠如である。

こうした「国民的教養」と「集団的自治能力」の欠如は市民としての自立を妨げ、労働者としての階級的自覚形成の前提条件を崩しているのである。労働組合の情勢や憲法問題の提起に対しても、よくわからない、自分には関係ないと拒否され、また、労働組合の活動を「集団に拘束されるのは嫌だ」と、距離を置かれる傾向が強くなっている。労働者が労働者としての自覚を高めていく前提条件である「国民的教養」や「集団的な自治能力」が奪われているのである。

日本の労働運動の主導権が戦後はじめて右翼的潮流に

第三に、八九年の連合の結成以来、日本の労働運動の主導権が戦後はじめて右翼的潮流に握られていることである。大企業を中心に、反共・労使一体の連合が三〇年間、主導権を握ってきたことは、労働組合がその社会的役割を発揮するうえで、極めて大きな否定的な影響を与えている。

（3）労働組合運動に求められるもの
——その活性化をめざして

職場、地域から社会的広がりを持つ運動を再構築する

それでは、労働組合運動の活性化のために、何が求められているのか。

第一に、「市民と野党の共闘」の時代の労働組合のあり方や存在意味を大いに議論し、職場、地域から社会的広がりを持つ運動を組織することである。どんなに困難があっても職場、地域に組合運動がなければ労働運動は成立しない。労働組合は要求で団結し、職場や地域を基礎にたたかうことが基本原則であり、いま、大切なのはその要求づくりの視点を明確にすることにある。その要求づくりにおいて、労働者の職場と地域における「二重の生活」の実態と矛盾を具体的に分析することが重要である。労働者は、職場では労働者としての生活があり、地域では住民としての生活があるように、「二重の生活」を送っている。したがって、要求を討議する場合も、賃金・労働時間など職場固有の問題とともに、地域の住民生活に関わる医療・介護問題、社会保障問題、教育問題、環境問題などの社会問題を自分たちの要求として検討することがきわめて大切になっている。とくに、賃金問題と社会保障の課題の結合が、労働者の生活を守るうえできわめて重要な運動課題になっている。こうした社会的広がりを持った要求討議をつうじて、自分たちの人間らしい生活を実現するには職場のたたかいと同時に、地域を変えなければならないこと、政治を変えなければならないことがあきらかになる。職場と地域のたたかいを結合し、経済闘争と政治闘争を結びつけることの重要性をあきらかにしなければならない。大事なことは、自分たちの要求を実現するために政治を変えなければならないことをみんなの合意にすることである。

そのためにも、すべての仲間を対象として、なぜ労働者、労働組合が政治問題、政治変革の課題に取り組む必要があるかの「対話と学習」の運動を起こし、職場、地域から旺盛な政治学習、政策学習によって、どのような日本に変革するかの構想やビジョンを議論し、野党連合政権の必要性を大いに語り合うことがいまほど大事なときはない。

集団的人間関係の再構築

第二は、職場・地域に、「理不尽なことは許さない人間関係」「あたりまえでまともな人間関係」を再構築していくことである。そのためにも、何でも話せる仲間の「居場所」をつくらなければならない。そして労働組合こそが、仲間の「居場所」になる必要がある。労働組合は民主主義的運営に成熟し、上からの動員主義でなく、「納得」と「共感」にもとづく活動スタイルを定着させていかなければならない。

企業の枠をこえた地域における活動の強化

第三に、企業の枠をこえた地域での活動を強化し、地域の民主主義力の向上に積極的に貢献することが重要な課題になっている。労働組合にとって、〝地域〟はどのような意味を持っているのか。地域におけるどのような活動が求められているか。

一つは、共通した要求を持つ同じ産業や同じ業種・職種の仲間との地域的な統一行動が大切になっている。地域における産業別統一行動の強化である。産業別組織の中に、企業横断的な地域組織、地域ブロックを確立し、同一産業の労働者の地域的結集の力でそれぞれの職場闘争を支えることが重要になっている。

二つには、異なる産業で働く同じ地域の労働組合との交流、共闘の強化によって、労働者の要求の実現をめざすことである。この場合、上部団体の違いをこえて、一致する要求に基づく共同の取り組みが重視されなければならない。またたたかう労働運動にとって、こうした地域の交流や共闘を通じて、ローカルセンター（都道府県単位の地方組織）を強化することが、いまほど重要なことはない。

三つは、地域から非正規や未組織の労働者を組織する運動を強化することである。労働相談活動などを通じて未組織労働者、解雇された労働者、非正規労働者の組織化をすすめるために、既存の産業別組織の内部の個人加盟組織とともに、地域を基礎とした個人加盟の一般労働組合の活動が注目される。一人でも加盟できる地域労組＝「ローカルユニオン」の運動が期待される。

四つは、労働者や市民が働き、生活している地域の民主主義的刷新にとりくむことである。地域で生活し、働く労働者の〝命とくらし〟を守るには、自治体や地域社会の民主化がきわめて大事になっている。いま、地域における労働組合と市民団体、民主諸団体との交流、共闘が大事になっており、憲法問題や反核平和の運動、原発問題、環境問題、消費税や社会保障などで共同の努力が重要であり、そのためにも労働組合に広い視点が求められている。

地域における活動の系統的強化が、企業別労働組合の「改革」にきわめて重要な意味を持っている。このように〝地域〟の意味を検討すると、地域が単なる職場闘争の手段ではなく、職場との有機的な関連を持ちながら、独自の闘争領域であることがあきらかになっている。

「国民的教養」と「集団的自治能力」の回復

第四は、「国民的教養」と「集団的自治能力」を回復させることである。人権・民主主義とは何か、国民主権とは何か、労働組合はなぜ必要であり、憲法でどうして特別に保障されているのか、などの基礎的問題の理解を深めることが大切である。これがなければ市民としての自立も、労働者としての階級的自覚も成り立たない。さらに、自分たちで話し合い、自分たちで決め、仲間との共同の力でやり遂げる経験の蓄積を追求して、仲間の「集団的自治能力」をたかめることが労働者の団結力の向上に絶対欠かせない。

魅力的な活動家集団の再構築

第五は、魅力的な活動家集団の再構築である。活動家の勇気は、信頼できる仲間に支えられ、常に物事の核心を把握する根本的で「ラディカルな」学習によって生まれてくる。勇気は、単なるその人の属性ではなく、仲間との関係のなかでつくるものである。仲間との関係を深めるには、仲間をうわべで見ない私たちの複眼的な「眼」を鍛えることが大事であり、そのためにも相手の立場に立って考える作風を自分のものにすることが求められている。

根本的で「ラディカルな」学習では、民主主義と人権の理解を深め、その発展のなかから未来社会論への歴史的展望を自分のものにしなければならない。そのためにも、社会科学の基礎理論の体系的学習が重要になっている。

おわりに

民主主義と人権の理解を媒介とする階級的自覚の形成

いま、日本の社会運動や労働組合運動は、改憲を阻止しながら、憲法を生かした社会づくり、憲法を生かした職場や地域の再生を基本課題にしている。憲法を生かした社会づくりをすすめなければ、日本社会の根本的変革はありえない。そうであれば、社会運動や労働組合運動の担い手には、日本国憲法の基本原則の理解と主権者の自覚が求められる。また、この間の運動を通じて、「個人の尊厳」（憲法第一三条）の理解の重要性が指摘されている。この主権者としての、さらには「個人の尊厳」の自覚が今日の市民の自覚とも言える。

そうであるが故に、労働者の階級的自覚は、民主主義と人権の理解を媒介として形成されなければならない。一言で言えば、「市民としての成熟を媒介にした階級的自覚」である。こうした自覚を持つ魅力的な活動家集団の存在が、これからの社会運動や労働運動前進の要になっている。

（やまだ たかお・労働者教育協会会長・現代史）

論　文

マウリツィオ・フェラーリスの新実在論

河野勝彦

二一世紀に入ってからのヨーロッパにおける実在論的転回に、独自の立場から加わった実在論哲学者に、マウリツィオ・フェラーリスがいる。彼は自らの実在論を「新実在論（New Realism）」と呼ぶ。ただ、この「新実在論」という呼称は、フェラーリスによると、二〇一一年六月二三日一三時三〇分にフェラーリスがマルクス・ガブリエルとナポリのジェンナーロ・セッラ通り二九番地のレストラン「アル・ヴィナッチオロ」で会った時に、ボンでの現代哲学の国際会議を計画していたガブリエルからその会議の適切なタイトルを聞かれてそれに「新実在論」と答えたことに発しているということである。(1)もっとも、ガブリエルの方は、その提案をしたのは、自分であると言っている。(2)フェラーリスとガブリエルのどちらもが、その呼称の提案者は自分であると言っているのであるが、ともかくこの二人が話している時に出た言葉であることに間違いない。

フェラーリス『新実在論宣言』に寄せられたグレアム・ハーマンの序文によれば、実在論的転回（realist turn）が起こったのは、二〇〇二年のマヌエル・デランダ（Manuel DeLanda）の *Intensive Science and Virtual Philosophy* と、グレアム・ハーマンの *Tool-Being* の出版からであるが、しかしそれよりも前にフェラーリスの実在論的転回は始まっていたということである。フェラーリスは、ポストモダンの思想家ジャンニ・ヴァッティモ（Gianni Vattimo）の「弱い思考（Il pensiero debole）」の影響下で育ち、ジャック・デリダに共鳴し、その共著者でもあったが、ハーマンによると「一九九二年にナポリで「存在は言語である」というハンス・ゲオルグ・ガダマーの話しを聞いて、突然、それが嘘であると悟り、フェラーリスの実在論的転回が始まった」（Mani.x）ということである。その意味で、フェラーリスの実在論的転回は、二〇〇七年にロンドン大学ゴールドスミス校で持たれた「思弁的実在論」のコロキウムに参加したハーマンやメイヤスーなどの潮流とは別個に、それよりも先行して行われていた。フェラーリスは、孤独な戦いを行っていたのである。フェラーリス自身、「私は、実在論の論戦においてほとんどただ一人であったということを言わねばならない。その最初の表れは、私の *Estetica razionale* の一九九七年に遡る」（Intro.2）と語り、『新実在論宣言』の内容は、解釈学やデリダの脱構築の思想をくぐり抜けて練り上げられたオリジナリティをもつ哲学であって、「私が過去二〇年前から発展させてきた考えである。実在論の練り上げは、九〇年代の始めに、私に解釈学を放棄し、感受性（sensibility）の理論としての感性論（エステティックス）、修正不可能性（unamendability）としての自然的存在論、そして最後にドキュメンタリティの理論としての社会的存在論を提起するように導いた転回以来、私の哲学的な仕事を貫く主要な糸であった」（Mani.xiv）と語っている。「（解釈学・ポストモダニズム・「言語論的転回」など）その様々なヴァージョンにおいて反実在論の方向に振れた二〇世紀の思想の振り子は、新しい世紀に入るとともに実在論（今一度、存在論・認知科学・知覚理論としてのエステティックスなど多くの面において）の方向へと動いた」（Mani.xiii）のである。

「新実在論」という名称の生まれた経緯は、以上の通りであるが、その内容は、確定しているものではない。それは、もともと会議のタイトルであったからである。フェラーリス自身も、「新実在論は、「私自身の理論」ではまったくないし、特定の哲学的潮流でもなく、またそれは思想の「共通語」でさえない。それは単に、過去数年間にわたって生じた広い論争によって何回も示されたと私は思うのであるが、ある事態の写真（私が実にリアリスティックであると見なす）である」（Mani.xiii）と断っていて、二〇世紀初頭にアメリカで起こった「新実在論」の一団とは違って、共通の哲学思想のコアがあるわけではない。それ故にフェラーリスは、「宣言」という形態を取ったと言う。すなわちマルクスとエンゲルスが、「一つの妖怪がヨーロッパをさまよっている」と言った時、彼らが目指したのは、「彼らがコミュニズムを発見したことを全世界に知らせることではなく、むしろコミュニストが多様であることを確認することであった」（Mani.xiv）からであると言う。この点は、ガブリエルも同様であって、「『新しい実在論（Neue Realismus）』は、いわゆる「ポストモダン」以後の時代を特徴づける哲学的立場[3]」をあらわしていると言って、彼の展開する哲学も「新実在論」であると語っている。我々は、ここでは、マウリツィオ・フェラーリスの新実在論の内容を見てみることにする。

1．フェラーリスのポストモダニズム批判

フェラーリスの新実在論は、ポストモダニズム批判、構築主義（constructivism）批判と結びついている。ポストモダニズムという言葉は、一九三〇年代にスペインの文学批評家フェデリコ・デ・オニスが詩的トレンドを指して初めて使用し、アーノルド・トインビーもポストモダンという語をその『歴史研究』において一八七五年以降の西洋文明の挫折という新しい歴史の章を指す言葉として使用したが、これらの先駆者たちに共通の意味は、「進歩の観念の終わり——無限の不確定な未来に向けての計画は後退が次に続く。未来はすでにここにあり、すべての過去の総計である。我々は我々の背後に偉大な未来を持っている」（Mani.2）というものである。これに対して、一九七九年のリオタール『ポストモダンの条件』とともに哲学の領域にやって来たポストモダニズムは、啓蒙・理想主義・マルクス主義などの「大きな物語」の終焉を告知し、真理や善、正義や自由、解放や革命といった理想が人々を動かすこと、それらに基づいて知識と学問的探究を正当化することを不可能とした。リオタール自身も、科学や知の普遍的な正当化を不可能とし、後期ウィトゲンシュタインの言語ゲーム論を下敷きにした様々な異型のゲーム規則の承認によって多様な知のあり方——パラロジー（paralogie）——を認めようとした。

ポストモダニズムの思想家がどの思想家に相当するのかは、厳密には規定できないし、そう呼ばれる思想家がそれを拒否する場合もあるが、近代（modern）の掲げた理念を否定するすべての思想家がそうであるとすれば、サルトル以降の二十世紀後半のすべての思想家がそれに当たると言えるであろう。フェラーリス自身は、ポストモダニズムの思想家の代表者としてリオタール、デリダ、フーコーを挙げ、その起点をニーチェに見る。ニーチェは、事実のみが存在するという実証主義に反対して、「まさしく事実なるものはなく、あるのはただ解釈だけでしかない[4]」と言っ

て、いかなる「事実自体」もなく、あるのは多様な解釈でしかないと認識の遠近法主義（Perspektivismus）を唱えたが、真理についても、様々な解釈による多様な真理を認め、「真理とは、それなくしては特定種の生物が生きることができないかもしれないような種類の誤謬」[5]であり、「価値評価が、「真理」の本質にほかならない」[6]というのが、ニーチェの真理観である。つまり客観的な普遍的真理は、ニーチェにとって幻想でしかないのである。

フェラーリスは、このポストモダニズムの主張、事実に対する解釈の優位、客観性を神話と見なす主張は、これまでのどの哲学思想よりも現実の政治社会に大きな影響を生み出したと見る。現実の世界を物語として多様化し脱構築することを目指したポストモダニズムの夢は実現しなかったが、テレビなどのマスメディアを通して人々に何でも信じさせることのできるメディア・ポピュリズムが実現され、ニュース報道やトーク・ショウにおいて、「最も強いものの議論がつねに最善である」という形で展開される「いかなる事実もなくただ解釈しかない」世界（「不幸にも事実であって、解釈ではない世界」（Mani.3）を日々目撃するようになっているのである。

2．ポストモダニズムとメディア・ポピュリズム

フェラーリスは、ポストモダニズムの核として、（1）アイロニー化（ironization）、（2）非‐昇華（desublimation）、（3）脱客観化（deobjectification）の三つを挙げる。

（1）「アイロニー化」とは、ドグマティズムを避けるために、真理を「真理」、実在を「実在」、正義を「正義」等と括弧付き、英語では逆向きの引用符で表記する。括弧付きの意味は、皮肉、距離化を表し、フッサールのエポケーのもつ哲学的な文脈を越えて、政治的な正しさの領域に入り、括弧を外すことは、受容できない暴力、幼稚な素朴さと見なされる。メディア・ポピュリズムではこのアイロニー化が蔓延しており、笑い、ふざけ、茶化しが行われるが、解放を含むものではなく、むしろ攻撃を内包している。

ポストモダニズムは、カントのコペルニクス的転回（本当はプトレマイオス的転回であった）に発し、「我々は決して物自体を扱うことができず、永遠にただ媒介され、歪められた不正な、したがって引用符の間に置かれうる現象しか扱うことができない」（Mani.6）という距離化の手段として括弧を使用する。フェラーリスは、彼自身が関わって

いた彼の師ヴァッチモを中心とする「弱い思考」はまさにアイロニックな理論であって、「科学、技術に対する懐疑、伝統主義、観念論というイタリア哲学の長い期間にわたる特徴を再提出した」(Mani.8) ものであると批判する。

ポストモダニズムのアイロニカルな反啓蒙の気候風土においては、「右翼的な思想家が左翼的なイデオローグになるという誤解が生じる」(Mani.8)。ハイデガーは、ナチズムの組織的な一員であったことが過小評価され、フランスの左翼によって受容されたのである。

(2)「非-昇華」とは、昇華 (sublimation) が、フロイト理論では抑圧される性的な欲動が芸術活動など社会的に認められる活動に転換されることを意味するのに対して、性的欲望そのものが解放の要素を構成していると考え、積極的に欲望を肯定することである。ただ、フェラーリスはフーコーに関しては、彼が欲望と革命をリンクするドゥルーズとガタリの『アンチ・オイディップス』(一九七二年) に対して賛辞を送っていたのにもかかわらず、その四年後の『性の歴史』第一巻『知への意志』(一九七六年) で、この解放的な欲望のパラダイムに代えて、性が権力の支配と行使の道具であるというテーゼ、すなわち「生の政治」(bio-politique) のテーゼに移行している点を指摘している。つまり、欲望の肯定という非-昇華は、解放ではなく抑圧的に作動していると見るのである。なお、フーコー自身も『知への意志』で、後期資本主義 (二十世紀) には、「給与を受ける労働の搾取は十九世紀におけると同じような暴力的・肉体的拘束を必要としてはいず、身体についての政策は性の消去とか、生殖の役割だけに性を限定する必要とかを要求していない。むしろそれは、経済の管理された回路において性を多様に通過させることによって果たされる。よく言われるように、超-抑圧的な非-昇華 (désublimation sur-répressive) である」[7] と言って、この非-昇華について批判的に言及している。

この非-昇華は、またニーチェの道徳批判の利用にも見られ、まじめな道徳的な批判を受け付けず、「それで何が悪いの?」(Mani.12) という開き直りに似た反応を権力者に取らせ、まじめな批評や異議は、単なるゴシップに還元されてしまう状況が醸成されているのである。

(3)「脱客観化」とは、アイロニー化と非-昇華の根底にある原動力であって、「客観性、実在性、真理は悪いものであり、無知こそ良いものであるという考え」(Mani.12) であり、ポストモダニズムは、ここから三つの導きを得ている。すなわち、①「真理は古代のメタファー以外の何ものでもなく、一種の神話であり、権力への意志の表明である。知識は、自律的解放的な価値を持たず、支配や欺瞞の道具を構成する。「真理」というようなものは存在せず、力と闘争の関係しか存在しない」（Mani.13）というニーチェの見方、②「伝統的には右翼の伝承物であった神話への訴えは、「新しい神話学」の計画を通してニーチェ-ハイデガー的左翼によって取り戻された。とりわけ（大方の二十世紀分析哲学を含んで）どこにでもある要素は、カントの急進化によって、概念的スキームと表象という媒介（ポストモダニズムにおいては、急進化され、構築（construction）になっている）を通さないなら世界へのいかなるアクセスもない」（Mani.13）という要求、③科学にとっての特権的な方法を否定したファイヤアーベントの相対主義的な主張が、ベネディクト十六世によるガリレオ批判と教会の擁護を根拠づけるという現実の具体的な結果である。

フェラーリスは、ポストモダニズムによる脱客観化の最も攻撃的な領域がジョージ・ブッシュ政権の政治にあると見る。ジャーナリストのロン・サスキンドに対して発せられたブッシュ政権高官の「我々は今や帝国である。我々が行動する時、我々は我々自身の実在を創造する。そしてあなた方がその実在を――あなた方が望むように思慮深く――研究している間に、我々は再び行動し、別の新しい実在を造り、それをあなた方はまた研究することが出来る」（Mani.15）という言葉は、実在（reality）についてのポストモダニズムの見方に通じていると見るのである。

フェラーリスは、以上のアイロニー化、非-昇華、脱客観化という三つの働きによってポストモダニズムは、実在的なもの（the real）を実在っぽさ（quasi-reality）へと変えて、「仮想実在論（realitism）」を生み出したと批判する。

3. ポストモダニズムの誤謬

フェラーリスのポストモダニズム批判は、ポストモダニズムが犯した三つの誤謬、（a）「存在-認識（知）の誤謬（fallacy of being-knowledge）」、（b）「確認-受容の誤謬（fallacy of ascertainment-acceptance）、（c）「知-権力の誤謬（fallacy of knowledge-power）に対する批判をめぐって展開される。

（a）存在-認識（知）の誤謬

存在-認識の誤謬は、ポストモダニズムだけではなくカント以来の近現代哲学における「存在論と認識論の間、存在するものと存在するものについて我々が認識するものとの間の混同」（Mani.19）である。これは、ロイ・バスカーの言う「認識論的誤謬（epistemic fallacy）」と共通する指摘であり、メイヤスーの相関主義批判の標的でもある。

　実在論者は、「我々の概念的スキームに依存しない物（例えば、月には、四千メートルを越える山が存在するという事実）が存在する」（Mani.23）ことを断定するが、非実在論者（解釈学者やカント主義者）は、「月に四千メートルを越える山が存在するという事実は、我々の概念的スキームあるいは、我々が使用する言葉に依存する」（同前）と考える。フェラーリスは、後者の考えを「構築主義（constructionism）」あるいは「構成主義（constructivism）」（Mani.24）と呼ぶ。

　フェラーリスが構築主義を批判するのは、構築主義者が、カントの「概念なしの直観は盲目である」という原則を、すべての存在の領域に適用する点にある。カントはどのような経験を持つためにも、因果性や実体などの純粋悟性概念だけではなく、たとえば「犬の概念」[8]などの経験的概念も必要であると見なしたが、フェラーリスからすると、これは行き過ぎということになる。確かに数学や社会的世界の領域では、概念なしにいかなる対象も成立しないが、自然的世界ではそうではなく、概念なしにも自然的対象は存在する。

　「水が H_2O であることを知るためには、私は言語、図式、カテゴリーを必要とするが、水が H_2O であることは、私の持つどのような知識からもまったく独立している。化学の誕生前にも、地球から我々が消滅しても、水は H_2O である。非科学的な経験に関していえば、私がそれを知っていようといなかろうと、水は塗れており、火は燃えており、言語や図式やカテゴリーから独立している」（Mani.19）。

すなわち、自然的世界では、認識論と存在論は切り離されており、確かに「水が H_2O である」ことを認識するためには、我々は水素や酸素とその分子結合式の概念を持つ必要があるが、H_2O の水が存在するために人間がその概念を持つ必要はないのである。また、化学を知らない時代において人間は、水が H_2O であることを知らなかったが、水が「濡れている」ことを知っていたし、その場合に人間がそれを知らなかったとしても、水は濡れていたのである。

「フェラーリスは、近現代哲学における「存在‐認識の誤謬」の起源を次のように説明する。（1）感覚は欺く〔それらは一〇〇%確実ではない〕〔というデカルトの主張〕、（2）帰納は不確実である〔それは一〇〇%確実ではない〕〔というヒュームの主張〕、（3）科学は経験よりもより安全である、なぜなら感覚の欺きと帰納の不確実性に依存しない数学的原理を持っている〔というデカント（Deskant）（デカルトとカント）の主張〕、（4）経験は科学に分解されねばならない〔経験は科学によって基礎づけられなければならない、あるいは最悪でもそれは誤りに導きやすい「表面的なイメージ」として科学によって暴かれなければならない〕、（5）科学はパラダイムの構築であるのでこの点で経験はまた構築である、すなわち経験は概念的スキームから出発して世界を形作ることになる」（〔 〕内は、フェラーリスの文脈からの筆者の補足）（Mani.27）。

こうして存在論と認識論の混同、存在-認識の誤謬が生じることになり、ポストモダニズムの起源はここに存するのである。カントでは、なお物自体の世界が想定されていたが、ポストモダニズムでは留保なく、存在論と認識論は同一化されるのである。

ただフェラーリスは、存在論と認識論の関係について、両者がまったく交差しない別個のものであると言うのではない。存在論は、認識論なしには成立しないこと、何が存在するかについての言説なしには成立しないことを認める。しかし、存在論と認識論を構成する言説の特性はまったく異なっていると言うのである。

「存在論は何が存在するかではなく、何が存在するかについての言説であるということは確かに言うことはできる。したがって存在論の中には認識論的な切れ端が常に存在しており、認識論の中には存在論的な残部がある。次のことは議論の余地はない。存在論は、認識論なしには決してない。ちょうど、人は認識なしに生きることが出来ないように。しかし、もし存在論がそれもまた言説であれば、認識論に関して違いを明確にするはずの言説であって、存在-認識の誤謬に肩を持つときに起こるように、認識論との連続性を主張するのではない。したがって、存在論と認識論を混同することがいかにありきたりのことであっても、理論的に興味深いやり方は、存在論と認識論が混ざり合っていると言うのではなく、存在論と認識論がいかに多くの仕方で区別されるかを強調することにある」（Mani.33）。

認識論と存在論の差異を示すそれぞれの特性は次のように図示（Mani.34）される。

認識論	存在論
修正可能　修正可能であるもの	修正不可能　修正可能でないもの
内的世界（＝概念的スキームに内在的）	外的世界（＝概念的スキームに外在的）
科学 言語的 歴史的 自由 無限 目的論的	経験 必ずしも言語的でない 歴史的でない 修正不可能 有限 必ずしも目的論的でない

この図に示される差異の諸点を見ていくことにする。

・修正可能（Amendable）と修正不可能（Unamendable）

我々は認識の領域においては、間違ったり正しかったりし、また、間違いを修正できたりする。水がH_2Oであることを知っていたり知らなかったりすることができる。しかし水に触れれば、我々は水素と酸素そのものが濡れていないと考えても、乾くことはなく濡れる。このことは、「私のものとは違った概念的スキームを伴った犬にも、虫にも、コンピュータのような無生物（水の化学的構成について知らないにもかかわらず、キーボードの上にコップの水がひっくり返る不幸なケースにおいて取り返しのつかないダメージを被る）にさえ起こるであろう」（Mani.34）。実在の領域においては、単なる概念的スキームを使って訂正されたり変化させられたりすることはない。我々の知覚される世界は、修正不可能なのである。「もし私が火を見ていて、それが酸化現象、フロジストンの働きの現象、燃素の働きの現象と考えることはできるが、もし私の手を火の中に置いたならば、（耐火手袋をはめないかぎり）火傷をせざるをえない」（Mani.36）のである。また、知覚の錯覚において、我々はいかなる矯正手段ももたない。「水に浸けられた棒は、それが実際に折れているので折れて見えるということではなく、水に浸けられた棒は、折れていないことを我々が知っているのにもかかわらず、我々はそれを折れていると見ることしか出来ない」（Intro.39）のである。

・内的世界（Internal World）と外的世界（External World）

知覚の修正不可能性、知覚が概念的スキームから独立しているということから、知覚の世界の自律性、独立存在が帰結する。認識は概念的スキームに依存するが、外的世界はそれに依存せず、我々の思惟を超越している。この外的世界は、感覚で捉えられた知覚的世界だけでなく、知覚を引き起こす外的世界のことを意味している。すなわち外的世界は、我々の概念的スキームだけでなく、種としての人間の知覚機構（perceptive apparatuses）にとっても外的であるということであり、それ故に、水が犬とも虫ともコンピュータとも相互作用をすることができる世界である。「人間や犬、虫、植物、あるいはスリッパも含めた様々な存在が、表象やスキームを彼らが共有していることとは無関係に、互いに相互作用することが出来る……もちろん、私は、犬と構築主義者と私自身のすべてが、同じ仕方で世界を見ているとは決して考えなかった。私は、我々の概念的スキームと知覚機構が異なっているという事実にもかかわらず、我々が相互作用することが可能であり、この相互作用はそれが共有する世界において生じる（神的な介入に訴えることによってよりもこのようにしてそれを説明する方がはるかに容易である）ゆえに可能であると主張しているのである」（Intro.45）。

・科学と経験

第一に、何か（頭痛）を経験することと、それを誰かに話すこと、そしてそれについて科学（診断）をすることは、異なっている。科学は、伝達、コミュニケーションなしには、そしてドキュメンタリティとしてのライティングなしにはありえないが、「経験は、いかなるコミュニケーションも記録化も言語的表現の必要もなしに生じることが出来る」（Mani.40）。第二に、科学は、先行する世代による諸発見を活用することができるかぎりで存在することができる歴史性を持っているが、経験は、いかなるコミュニケーションも記録化も言語的表現も必要なしに生じることができる。「若い科学」という表現はあるが、「若者らしい経験」とは言っても、「若い経験」とは言われない。第三に、科学は、西洋文明において発展させられたが、他の文明はそれとは異なった文明を発展させた。科学は発生することもしないことも可能であり、その点で、自由である。それに対して「経験は通文化的な恒常性（intercultural constancy）を示し、熟慮を伴う選択の結果として表れるのではない」（Mani.40-1）のである。第四に、科学は、歴史を持ち、無限の発展を内包しているが、経験は、無限に進歩的ではなく、いかに研ぎすまされても有限である。第五に、科学は、熟慮に基づく活動であり、目的を持った活動であるが、経験の場合は、「いかなる理由のためでもなく熱を感じ、色を見、歯痛に苦しむ」（Mani.42）のである。

（b）確認-受容の誤謬

ポストモダニズムは実在論を、その「唯一の目的は実在を肯定すること」、「事物の実在する状態を受容する」（Mani.45）ことにあると実在論を非難するが、フェラーリスはそうではないと反論する。むしろ実在論は、「何が実在的で何がそうでないかを判断するカント的な意味と、正しくないものを変革するマルクス的な意味という二つの意味で批判的な理論である」と主張し、この点を理解しないのは、ポストモダニズムが「確認‐受容の誤謬」、すなわち「実在を確認することがそれを受容することに等しいというドグマ」に嵌まっているからであると批判する。ポストモダニズムの反実在論は、存在を構築の対象とすることによって自らを解放的であると自認するが、結局は、現実への黙従に終わることになる。なぜなら、現実の変革は、現実の認識からしか始まらないからである。治療は、病状の確認から出発するのである。「反実在論は、黙従と一つである。実在論者は、反対に、診断が治療の前提であるという同じ当たり前の理由により、（もし彼らが望むなら）批判し、（もし彼らが可能なら）変革する可能性を持つ」（Intro.25）のである。

フェラーリスは、この点をデリダの『法の力』での正義の脱構築不可能性の主張と結合してデリダを評価している。「デリダは、正義が脱構築不可能なものであると主張した。正義に対する願望は、脱構築そのものの基礎となるが、それ自身、脱構築には従属しないと。私は、正義が存在論と無関係であるからではなく、存在論は修正不可能であるから、正義は脱構築不可能であると言いたい。まさにその法則が我々の意志や思惟に関わらない（indifferent）がゆえに、そのような世界において科学があり、正義があるということが可能なのである」（Mani.46-7）。フェラーリスは、実在論のための決定的な議論は、理論問題ではなく、道徳問題であると言う。なぜなら「事実なしに、対象なしに、世界での道徳的な振る舞いを想像することは不可能」（Mani.47）だからである。道徳は「実在の摩擦」（Mani.48）から出発しなければならない。フェラーリスは、これをカントのハトが「空中を自由に飛びながら空気の抵抗を感じるので、真空のなかではずっとうまく飛べるだろうと思う」[9]かもしれないがそれはできないように、道徳的行為が存在するためには、主観から独立の実在の存在、修正不可能な抵抗としての実在が必要であると指摘するのである。

（c）知‐権力の誤謬

ポストモダニズムの第三の誤謬は、知識が権力による支配の道具であるというフーコーの見解、知識が権力への意志の表明であるというニーチェの見解である。フーコーは、宗教や道徳の発生を人間のいだく復讐心や怨恨といった心理的動機に求めたニーチェの『道徳の系譜学』にならい、近代における自律的な人間主体や精神の成立と、それを対象とする心理学や精神医学、教育学、犯罪学といった人間諸科学の誕生とを、権力による身体に対する監視や規律・訓練などの政治的技術の産物としてとらえる。「知のいかなる形態の背後にも、否定的なものとして経験される権力が隠れている。その結果、知は、解放へと繫がる代わりに、隷属化の道具となる」(Intro.25)という知と権力の共犯関係が暴かれる。このフーコーの知の系譜学は、近代の人間諸科学の誕生について一面の真理を衝いていると言えるが、ここから知識や真理を否定することは行き過ぎであるというのが、フェラーリスの考えである。「(ルソーが示唆したように)天文学が迷信から生まれ、雄弁術が野心と憎しみと追従から生まれ、幾何学が貪欲から、物理学が空しい好奇心から、道徳が高慢から生まれたということが真であるとしても、地球が太陽の周りを回り、三角形の内角の和が一八〇度であるという事実を疑ういかなる理由もないであろう」(Mani.66)。

ポストモダニズムは、「存在-認識(知)の誤謬」とこの「知-権力の誤謬」から、「存在=知」と「知=権力」、したがって「存在=権力」を導き出す。「構築主義(実在は知識によって構築される)とニヒリズム(知識は権力によって構築される)の結合が、実在を権力の構築とすることになる。

ニーチェは、死に臨みながら知識(knowledge)と徳(virtue)と幸福(happiness)の間に緊密な結合があると説いたソクラテスと、このソクラテスの子孫である啓蒙に反対し、「知識と真理のためのヴェール剥ぎは幸福を与えない、幸福は神話からしかやってこない」(Mani.74)と批判する。ポストモダニズムは、このニーチェに倣って、「知識のあらゆる形態は、権力のある形態の表現として嫌疑の目で見られるべきである」という「知-権力の誤謬」に陥ったが、これには理性の弁証法、パラドックスが絡んでいるとフェラーリスは見る。まず出発点は、「大いなる解放的な審級、解放の要求」であったが、「神話や奇蹟、伝統に対立する理性、知識、真理の力に依存する解放の要求は、極端な急進化の地点に至り、それ自身に反転するようになる。神話を批判するためにロゴスを使い、信仰の正体を暴くために知識を使った後で、理性の脱構築的な力は、ロゴスと知識そのものに対して反転する。こうして、知識を権力の意志の働きとして暴露する道徳の系譜学の長い過程が始まる」（Mani.75）のであり、この結果まさにポストモダニズムの「知-権力の誤謬」が生み出されるのである。しかし、ここには袋小路がある。「もし知識が権力であるなら、解放を生み出すはずのもの（すなわち知識）は、同時に従属と支配を生み出す審級であるという袋小路である。そしてここから、もう一つの反転によって、ラディカルな解放が、神話と物語への回帰において、唯一、非知識（nonknowledge）のなかに見出されることが出来ることになる」（同前）。ポストモダニズムにおいては、ニーチェと同様に解放の要求において真理と実在は捨てられ、神話や物語へと回帰することになるのである。

ただ、フェラーリスは、リオタール、デリダ、フーコーが一九八〇年代になって、啓蒙へと回帰した点には注目し評価しているが、ここでは紙幅の都合でその内容は省略する。

4．実在論への回帰とフェラーリスの新実在論

フェラーリスは、ポストモダニズムは、実在的なもの（the real）を実在っぽさ（quasi-reality）へと変えて、「仮想実在論（realitism）」を生み出したが、世紀の変わり目において、ようやく実在論（realism）が復活・再生し、多くの方向に展開されていると言う。

その展開は、第一に「言語論的転回の終焉」であり、第二に「知覚への回帰」であり、第三に「存在論的転回」である。

（1）言語論的転回の終焉は、構築主義や概念的スキームによる経験の枠組みの付与という考えから、経験そのものの重要性への移行であり、ヒラリー・パトナムの内（在）的実在論から常識的実在論への転換やウンベルト・エーコの経験の重要性についての強調に表れており、若い世代による思弁的実在論の展開に表れている。

（2）知覚への回帰は、ポストモダニズムにおいて頂点に達した哲学的超越論主義によって伝統的に無視されてきた知覚への注目によって、「外的世界、概念的図式を超えてそれらから独立に存在している実在への新しい展望」（Mani.18）を開き、「単なる反省によって我々を囲む対象の色を変えたり、視覚的なイリュージョンを正したりすることは我々には不可能である」（同前）ことに注目することによって、知覚経験の修正不可能性（unamendability）、抵抗（resistance）を明らかにしたのである。

（3）「存在論的転回」とは、分析哲学と大陸哲学の両方において、存在の学としての存在論の増大する回復がある。カントは、「哲学が対象（今では科学に適切な）を扱うことを止めねばならず――「純粋悟性の分析論という控えめな表題」のもとに――これらの対象を知る可能性の条件を探究するために、「存在論という誇り高い名前」（カント『純粋理性批判』B.303）を放棄しなければならないと要求して、存在論にさよならを言った」（Mani.18-9）が、今や、知覚から社会まで、自然科学に必ずしも従属しない探究領域を構成している諸対象の多様性の学としての存在論が、例えば、グレアム・ハーマンや、レヴィ・ブライアントなどのオブジェクト指向存在論（Object-Oriented Ontology）に見られる探究がある。

フェラーリスの新実在論は、これらの現代哲学における多くの運動と平行して展開されてきた。そしてその新実在論は、メイヤスーなどの思弁的実在論・唯物論がカント以来の相関主義の批判を通して展開されたように、ポストモダニズムの構築主義に対する批判を通して展開されたのである。

それでは、フェラーリスの新実在論とはいかなるものか、われわれはすでに彼のポストモダニズム批判を少し詳しい目に辿ってきたので重なる部分もあるが、その全体像を見ていきたい。

これまでも触れてきたが、フェラーリスの新実在論の考える実在は、以下の六点によって特徴づけられる。

（1）修正不可能性：存在するものはわれわれがそれについて考えていることとは関係なく実在し続ける。知覚は、われわれの理論的認識に対して脱構築的な役割をしており、「知覚的な脱構築は、ここではそれは認識論的な機能ではなく存在論的な機能を持っているという点は除いて、ポパーの反証と同類である」（Intro.39）。この修正不可能性という否定性は、「存在論の肯定性を意味している」（Intro.40）のである。

（2）存在論と認識論の区別：これは、先に「存在-知の誤謬」で詳しく見たものである。フェラーリスは、実在性を「認識論的実在性」（ε-reality）と「存在論的実在性」（ω-reality）の二種類に分ける。前者は、ドイツ語で Realität と呼ばれるものであり、「存在するものについて我々が知っている（と考える）ものに関係する実在性である。これは、カントによって彼が「概念無しの直観は盲目である」といったときに関連づけられた実在性、あるいはクワインによって彼が「存在するとはある変数の値である」というときに関連づけられた実在性である」(Intro.41)。これに対し、後者は、ドイツ語でWirklichkeitと呼ばれるもので、「われわれがそれを知っていようがいなかろうが、存在するものに関係し、抵抗(修正不可能性)として肯定性としてそれ自身を示すもの」(同前)であり、「外的世界(external world)」(Intro.42)である。

(3)相互作用(interaction):犬や猫、ハエはわれわれとは違った概念的スキームや知覚機構をもっているが、われわれはそれらと相互作用している。「人間や犬、虫、植物、あるいはスリッパも含めた様々な存在が、表象やスキームを彼らが共有していることとは無関係に、互いに相互作用することが出来る」(Intro.45)のである。

(4)アフォーダンス:事物、実在は、互いに相互作用する。その相互作用は、抵抗のような否定性だけではなく、「与えること」「提供すること」を意味するアフォーダンス(affordance)という肯定性の相互作用を行う。椅子はわれわれに座ることを、そして猫にはその上で丸まることをアフォードするのである。アフォーダンス概念は、J・J・ギブソンの『生態学的知覚論――ヒトの知覚世界を探る』において中心的な理論として展開されたが、フェラーリスは、フィヒテにおいてもすでに「実在的なものの誘発性(Aufforderungskaracter)」(Intro.127)として語られていたと指摘している。

フェラーリスは、アフォーダンス理論によって、物理的な経験だけではなく美や道徳的価値や非価値も外から与えられると言う。「美や、道徳的価値や非価値が現れる仕方は、明らかに我々の外に我々を驚かし印象を与える何かがあることを示している。そしてこの何かは、まさしくそれが外から来るゆえに価値を持つ。さもなければ、それは想像以外の何ものでもないであろう。だから、しばしば言われてきたこととは反対に、価値と事実を区別することが出来ないのである。なぜなら、事実はそれ自身価値であるからであり、しかも最も高い価値、すなわち翻って各々の価値の可能性の条件である肯定性であるからである」(Intro.48)。価値も外から事実を基礎にして与えられるのである。

(5)環境:フェラーリスは、マルクス・ガブリエルの「存在することとは意味の場に存在することである」のテーゼに対し、「存在することは一つの環境に存在することである」というテーゼを対置する。ガブリエルにおいては、例えば「ハリー・ポッターが幻想文学の意味の場に存在し、原子が物理学の場に存在しているということを意味している」(Intro.54)が、ガブリエルにとって唯一存在しない意味のすべての場の総計として理解された世界が存在しないのは、「意味のすべての場の意味の場(すなわち、絶対的な)は、存在しない」からである。しかしフェラーリスにとって、存在論を意味の場に依存させるガブリエルの存在論は、「認識論ではないとしても少なくとも主観性に結びつけられた何かに依存させ」るものであり、「弱められたものであるとはいえ、超越論的誤謬(=認識論と存在論の混同)のヴァージョンを再提出している」(同前)ものである。動物たちにとって、原子やハリー・ポッターのようなキャラクターが存在する意味の場が存在すると主張することは困難であるが、「その死が(動物にとっても人間にとっても)「意味の場」に差し入れられることがほとんどできないとしても、食肉処理場での死の存在を排除することは(倫理的な観点からも)問題なのである」(Intro.54-5)。「意味の場は、環境の中にあり、頭の中にはない。それはアフォーダンスの中にあり、概念の中にはない」(Intro.55)のである。

フェラーリスの新実在論の以上の五点の特徴に加えて、さらにもう一点、とりわけ重要なフェラーリスの「ドキュメンタリティの理論としての社会的存在論(social ontology)」について、最後に見ておきたい。

5. ドキュメンタリティの理論としての社会的存在論

フェラーリスは、もともと解釈学のガダマーや脱構築の思想家デリダの影響のもとで思想形成を行ってきたが、先にも見たように「存在が言語である」というガダマーや、「テクストの外には何もない」というデリダに納得がいかなかった。ガダマーは「理解されることが出来るのは言語である」と言うが、フェラーリスは「あそこにあるヴェズーヴィオ山は言語であろうか」(Intro.4)と疑問を投げかけ、「私の師デリダが「テクストの外には何もない」と書いたとき、彼は、心臓の鼓動や息継ぎも社会的に構築されているということを意味していた。そのようなテーゼは、行き過ぎである」(Intro.7)と批判した。このガダマーとデリダの構築主義は、カントの「概念なしの直観は盲目である」という構築主義(constructivism)とともに、その適用領域を限定しなければならないというのが、フェラーリスの考えであり、彼の新実在論の根本的なテーゼである。[10]

フェラーリスは、認識の諸対象の領域を三つに区別する。

（a）主観から独立して空間と時間のなかに実在する自然的対象（natural objects）、（b）主観に依存して空間と時間のなかに実在する「結婚」や「葬儀」、「株式市場」や「民主主義」のような社会的対象（social objects）、（c）主観から独立して空間と時間の外に実在する「数」や「定理」のような観念的対象（ideal objects）である。[11] フェラーリスは、この観念的対象を世界の外にある永遠の対象であって、プラトンのイデア的存在と考えているが、ここでは触れずにおいて、自然的対象と社会的対象の認識論的そして存在論的特徴についてのフェラーリスの考えを述べることにする。

自然的対象については、認識論は「認識から独立して存在している何かを単に認めることによって、純粋に再構築的（reconstructive）な機能を果たす」（Mani.59）のに対し、社会的対象については、認識論は「知識のある量が社会的世界のなかで生きるために必要であるという意味と、社会的世界においては、新しい対象は、純粋に承認的（自然的対象についてそうであるように）ではなくパーフォマティブである操作によって（例えば立法的な活動を通して）産み出されることが明らかであるという意味で、構成的（constitutive）な価値を持っている」（同前）のであり、社会的対象は人間による構築によって生み出されるのである。

フェラーリスは、デリダの強いテクスト主義「テクストの外には何もない」（デリダの『グラマトロジー』では、Il n'y a pas de hors-texte. であるが、フェラーリスは、文字通り There is no outside-text. と解するのではなく、There is nothing outside the text. と解していると注（Mani.96）で断っている）を、弱いテクスト主義「テクストの外には社会的な何もない」へと代えて、穏健な構築主義を展開する。自然的世界はテクストに依存せずに存在しているが、社会的世界はテクストなしには、ライティング（エクリチュール）なしには存在しないと言うのである。社会的対象は、文書によって、ドキュメントによって構成されていると言うのである。フェラーリスは、ここに実在論者と構築主義者の「永遠平和条約」が成立すると宣言する。自然的対象については構築主義は成立しないが、社会的対象においては構築主義のもとにあるとの棲み分けが成立していると言うのである。

フェラーリスは、ここでマルクスの『フォイエルバッハに関するテーゼ』第一テーゼの「フォイエルバッハは、思惟対象から実在的に区別された感覚的な対象を欲する、しかし彼は、人間の活動性それ自身を客観的な活動性として考えない」の重要性を指摘する。フェラーリスの考えでは、社会的対象を構成するのは、「対象＝刻み込まれた行為(Object=Inscribed Act)」である。すなわち「社会的対象は、紙の一片に、あるいはコンピュータ・ファイルに、あるいはその行為のなかに含まれる人々の心の中だけであっても記録されることによって記述された社会的活動（少なくとも二人の人、あるいは、権限を委任された機械と人を含むような）の結果である」(Mani.55)。そこでフェラーリスは、ドキュメンタリティ、すなわち少なくとも二人の人、あるいは人とコンピュータのような機械の間で交わされる行為の記録が社会的対象を構成すると見る。

フェラーリスは、ドキュメントとしての社会的対象を「強い意味のドキュメント」と「弱い意味のドキュメント」に分ける。前者は、オースティンの約束や命名などの行為遂行的（performative）なドキュメント（働きの構成）であり、後者は例えば「被告にとってアリバイとして認められる期限切れのチケット」(Intro.65)のような単に事実確認的（constative）なドキュメント（事実の記録）である。

社会は、ポストモダニズムが言うような液状で儚い存在ではなく、ドキュメンタリティという刻印として客観性の次元に接近する固定性をもっている。「社会は、机や椅子よりもよりしばしば堅固でありえ、我々の生活のすべての幸福と不幸が依存する契約、賭け、貨幣、パスポートなどのような対象から作られている」(Mani.56)のである。

社会的対象の構築については、ジョン・サールが人間の「集合的な志向性（collective intentionality）」によって、「XはCにおいてYと見なされる」（物理的な対象Xは、文脈Cにおいて社会的対象Yと見なされる）との構成的規則を主張したが、フェラーリスは、このサールの社会理論は、二つの限界があると批判する。第一に、「複雑な社会的対象（株式会社のような）あるいは物理的な基礎を欠いた存在（負債のような）を説明することが出来るように見えない」(Intro.70)し、第二に、物理的なものを社会的なものに変えるためにミステリアスな「集合的な志向性」に依存させている。それに対して、フェラーリスのドキュメンタリティの規則によるならば、「非公式の約束からビジネスと負債や権利といったまったく非物理的な存在まで社会的な対象全体を説明することは非常に容易である」(Intro.71)。なぜなら、これらのすべてのケースにおいては、「それが人間の記憶のみであるとしても、ある支えに記録されるという本質的な性格を持っているある行為（身振り、発話あるいはライティングの行為からなることができる）をする少なくとも二人の人の存在」（同前）によって保証される構造があるからである。ドキュメントを作り出すためには、少なくとも二人の人が存在しなければならない。もし一人であれば、いかなるドキュメントも生じることはなく、したがって社会は存在しえない。

マーシャル・マクルーハンは、オングが『声の文化と文字の文化』において電話、ラジオ、テレビ、ＩＴ機器などの電気的技術によるコミュニケーションを「二次的な声の文化」と特性づけたのを承けて、文字の文化の消滅、活字印刷の文化、文字の文化の声の文化への転換、「グーテンベルク銀河系の終焉」を予測したが、フェラーリスは、確かにこのマクルーハンの予測通り「電話やテレビでいっぱいの時期である前世紀の中期においては、現実にライティングの終焉が事実であると信じることも出来た」かもしれないが、しかし「事態はライティングのブームの方へまったく反対の方向に進んだということが今や事実である」と批判する。「タイプライターのキーは、携帯電話――すなわち絶対的な話す機械――に現れ、決してなくなることはなかった」（Intro.62）のである。われわれは、今や一日中、書いているのである。そして「我々が読んだり書いたりしない稀な時には、我々は記録（写真を撮ったり、ビデオを撮ったり、メモを取ったりして）をしている」（Intro.63）のである。

6. フェラーリスの実在論

以上見てきたフェラーリスの新実在論は、認識論と存在論との区別、感覚知覚経験の修正不可能性、自然的対象についての構築主義批判、概念的スキームや知覚機構を越えて諸事物が互いに抵抗しあい誘発（アフォーダンス）しあっているという相互作用論、ドキュメンタリティの理論としての社会的存在論などからなっているが、この実在論は、感覚知覚理論において素朴実在論の立場をとっている。

フェラーリスは、パオロ・ロッジ（Paolo Bozzi）の「素朴物理学（naive physics）」の立場をとり、「世界は、科学的に真であるという根拠を必ずしも要求することなく、われわれに実在的なものと提示される」（Intro.40）のであり、この実在論は、「われわれから独立の秩序づけられた意味を持つ世界を想定する形而上学的な実在論とは無関係である」[12]と言う。すなわち、この実在論の素朴さとは、経験の理論であって、経験としての現象を救うことであり、トマス・リードの常識哲学に属するものであって、科学的実在論や形而上学的な実在論ではないのである。

したがってフェラーリスの新実在論は、ヒラリー・パトナムが形而上学的実在論から内的実在論（internal realism）を経て最後に行きついた「自然な実在論（natural realism）」の立場と相似している。パトナムにおいて形而上学的実在論は、「唯一の世界」とその世界を写しとる「唯一の正しい理論（真理）」を想定しており、これに対して内的実在論は、「複数の「世界ヴァージョン」と、そのヴァージョンの内部でのみ意味をもつ「実在」と「真理」の概念」[13]を認める立場である。この二つの立場を否定してパトナムが行きついた自然な実在論では、知覚の対象は実在そのものである。知覚の対象は、デカルトやロック、ヒュームなどの近代の哲学者たちが想定していた観念や印象、センスデータといった心的表象を介在させない対象であって、「「外部にある」事物だと主張する。あるいはより一般的に、こうした対象は「外部にある」実在のアスペクトだと主張する」[14]。心が外的世界を知覚するのに、表象などの境界面《インターフェイス》は必要ではなく、心は直接的に外的世界を知覚するのである。この立場は、「キャベツや王様などの「外部にある」事物が経験されうると主張する」[15]のであり、「われわれは知覚において自分の周囲の環境と直接的に接触している」[16]のである。

フェラーリスの新実在論は、このパトナムの自然な実在論と相似しているが、その力点は、知覚経験の抵抗、その修正不可能性にある。われわれの知識や概念的スキームに抵抗し、我々の存在から独立した感覚で捉えられる世界それ自身の実在を強調する。「我々の期待に反する世界の抵抗と、世界が我々に保持する意外性（surprises）は、どんな認識論的な構築からも独立した存在論的な実在性があると証明する優れた議論であるように見える。要するに、我々は親密に脱構築的な実在性のなかに住んでいるので、私は実在論よりもより一層脱構築的な何ものも存在しないと信じている」（Intro.10）というのがフェラーリスの実在論の立場である。実在は我々の認識を否定的に脱構築すると言うのである。

パトナムは、デカルトやロックなどの近代哲学において想定されてきた知覚が外的世界の因果的な作用によって生じるという「知覚の因果説」にも反対するが、フェラーリスは、「思惟から独立した実在の部分が存在しているだけではなく、これらの部分がまた思惟と人間的世界に因果的に働くことが出来る」（Intro.12）と言って、「知覚の因果説」を積極的に認めている。「もし実在論者が主観に依存しない世界の部分が存在するということを主張する者であれば、新実在論者はより一層挑戦的な何かを主張する。コギトから独立に世界の多くの部分があるだけではなく、それらの部分は本来的に構造化されており、したがって動物と同様人間の行動や思考を方向付ける」（Intro.37）と言うのである。外的世界は、我々に先行して構造化されて存在し、抵抗し、相互作用し、修正不可能な仕方で因果的に作用するのである。「世界の事物は、我々に因果的に（したがって先行存在し、抵抗し、相互作用する仕方で、そして修正不可能な仕方で）作用する。そして我々はその場合世界の中の事物である」（Intro.124）。

以上我々は、フェラーリスの新実在論の概要を見てきたが、実在論としていずれも重要な視点を含んだ存在論であって、我々の実在論構築の作業において依拠すべき多くの内容を有すると言えるであろう。

注

（1）Maurizio Ferraris, *Introduction to New Realism*, translated by Sarah De Sanctis, with a Foreword by Iain Hamilton Grant, Bloomsbury, 2015, p.2, Maurizio Ferraris, *Manifesto of New Realism*, translated by Sarah De Sanctis, State University of New York Press, 2014, p.xiii　これらの本からの引用は、本文中に、前者は Intro. 後者は Mani. の後にアラビア数字でその頁数を記す。因みに、前者の核となる部分は、マウリツィオ・フェラーリス「新しい実在論――ショート・イントロダクション（1）」清水一浩訳、『現代思想』二〇一八年一〇月号臨時増刊号、一七七～一九九頁と内容的に重なっている。

（2）Markus Gabriel, *Warum es die Welt nicht gibt*, Berlin : Ullstein , 2015, p.10、マルクス・ガブリエル『なぜ世界は存在しないのか』清水一浩訳、講談社選書メチエ、二〇一八年、八～九頁。

（3）Markus Gabriel, op.cit., pp.9-10、マルクス・ガブリエル、前掲書、八頁。

（4）Friedrich Nietzsche. *Der Wille zur Machat, Versuch einer Umwertung aller Werte*, Sämtliche Werke in Kröners Taschenausgabe , 9、ニーチェ『権力への意志』（下）原佑訳、ちくま学芸文庫、二〇〇六年、断章四八一。

（5）ニーチェ、前掲書、断章四九三。

（6）同前、断章五〇七。

（7）Michel Foucault, *Histoire de la sexualité, 1, La volonté de savoir*, Éditions Gallimard, 1976, pp.150-151、ミシェル・フーコー『性の歴史Ⅰ　知への意志』渡辺守章訳、新潮社、一九八六年、一四六頁。

（8）カント『純粋理性批判』（上）、篠田英雄訳、岩波文庫、

二一八頁、B180

(9) カント『純粋理性批判』(上)、前掲書、六四頁、B8-9

(10) カント、前掲書、一二四頁、B.75

(11) *Introduction to New Realism*, p.49では、「空間の外と時間の中に実在する」となっているが、*Manifesto of New Realism*, p.52では、「空間と時間の外」となっているし、Maurizio Ferraris, *Documentality, Why It Is Necessary to Leave Traces*, Translated by Richard Davis, Fordham University Press New York, 2013ではp.2, p.33, p.38その他で「空間と時間の外に存在し主観から独立である観念的な対象」とされており、*Introduction to New Realism*の記述は誤記である。

(12) Maurizio Ferraris, 'Why Perception Matters', *Phenomenology and Mind* 4, 2013, p.43, http://www.phenomenologyandmind.eu/wp-content/uploads/2013/07/a4_pam-n4_25_07.pdf

(13) ヒラリー・パトナム『心・身体・世界――三つの撚りの綱/自然な実在論――』野本和幸監訳、関口浩喜・渡辺大地・入江さつき・岩沢宏和訳、法政大学出版局、二〇〇五年、関口浩喜「解説」二七一頁。Hilary Putnam, The Threefold Cord, Mind, Body, and World, Columbia University Press, 1999

(14) パトナム、前掲書、一四頁。

(15) パトナム、前掲書、二九頁。

(16) パトナム、前掲書、六三頁。

(こうの かつひこ・京都産業大学名誉教授・西洋哲学)

論文

マルクス未来社会論と今日の諸問題

聽濤　弘

ソ連崩壊後、マルクス未来社会論はかなり複雑なものになっている。それにあわせて「過渡期」論も複雑になっている。不破哲三氏はマルクスが『資本論』（一八六七年）では未来社会にいたるための「過渡期」を「短くて済む」としていたが『フランスにおける内乱』（一八七一年）を契機に「長期にわたる」ものとしてとらえるようになったと主張していた。このことに関連して牧野広義氏は『内乱』後にマルクス自身が改訂した『資本論』第二版（一八七三年）でも、第三版（一八八三年）でも「過渡期」は「短くて済む」という『資本論』第一版の思想は変更されていないことを指摘した。不破氏はこの指摘をうけ自身の「誤り」を認め、氏に「感謝」の意を表明している。これは主として「文献解釈上」の誤りについてであるが、内容上の問題としては不破氏は『資本論』と『内乱』とでは「それぞれ違う主題」が問題になっていることを「見落とし」ていたところに誤りの「一つの根源」があったとしている（以上、不破『資本論』のなかの未来社会論』新日本出版社、牧野「マルクスの哲学思想をめぐって」本誌第六〇号）。

牧野氏は「マルクスの古典の集団的な検討」と発達した資本主義社会における変革に関する「いっそう組織的・集団的」研究の必要性を強調している。これは重要な提起である。本稿は二〇一九年七月に「関西唯物論研究会」でおこなった報告を、以上のような状況を勘案し補足したものである。主要な論点は報告のとおり、①マルクス未来社会論の前提、②今日における未来社会論、③マルクスの創造的発展が求められる諸課題である。

一、マルクス未来社会論の前提

まず第一の問題であるが、レーニンが『国家と革命』で未来社会を分配の問題によって二段階に分けたことは誤りであろう。マルクスの未来社会論は遥かに豊かな思想にもとづくものであった。しかしマルクス自身も生産手段の共有という同一の社会構成体のなかに「第一段階」と「より高次な段階」があることを明らかにしている。『資本論』と『内乱』とでは「過渡期」の長短が違うのは、この二段階論と結びついている。これはマルクス未来社会論を論じるうえでの前提となるものである。

マルクスの未来社会（社会主義・共産主義社会）論が展開されている主要な文献は、初期のものとしては『経済学・哲学手稿』（一八四四年）であり、円熟した時期のものは『資本論』（一八六七年）、『フランスにおける内乱』（一八七一年）と『ゴータ綱領批判』（一八七五年）である。それぞれについて検討してみよう。

『経済学・哲学手稿』にマルクスの原点がある

マルクスは『経済学・哲学手稿』で共産主義は未来社会の形態ではあるが、われわれの目標はそれより高次の「人間的社会の形態」であるとしている。

「共産主義は次の未来の必然的形態と力動的原理であるが、しかし共産主義はそれ自体が人間的発展の目標――人間的社会の形態――なのではない」（全集第四〇巻四六七ページ）。

マルクスはこの「人間的社会」を「社会主義としての社会主義」だとしている（同上）。「共産主義」、「社会主義」の用語が現代とは反対に使われているが、人間の未来社会をこのように二段階で捉えている。若いマルクスにあっては共産主義とは「私的所有のポジティヴな廃止」（例えば四五六ページ）である。今日でいう「生産手段の社会化」のことである。マルクスは「産業資本が私的所有の完成された客体的形態」（四五四ページ）であると規定していることからみてこれは明白である。

しかし未来社会はこれだけでは不十分であり「人間による、また人間のための人間的本質の現実的獲得としての共産主義」が必要であるとしている。この共産主義が「社会主義」と接合し、より高次の人間的社会が形成される（四五六～四五七ページ）。

それでは「人間的本質の現実的獲得」とはなにか。マルクスにあっては人間の本質とは「共同性」、「意識性」にあるが、私的所有の成立によって「利己心」をもつものに変わった。それを本来の人間に観念としてではなく現実生活のなかで取戻すことを意味している。これが実現した社会は、「ナチュラリズム」（自然主義）と「ヒューマニズム」（人間主義）とが融合し「人間と自然との」、「人間と人間との」、「個と類との」あいだの「抗争の真の解消」が得られると述べている（四五七ページ）。

このことから分かるようにマルクスには私的所有の廃絶による資本主義的生産関係の消滅という階級史観と、人間の本質を取戻すという壮大な人類史観があった。したがって未来社会を二段階として捉えている。これはマルクス未来社会思想の原点である。

「過渡期」についていえば『経哲手稿』にその概念はなかった。しかし「私的所有の廃止」は資本家との闘争であり、「過渡期」は人類史的課題である「人間的本質の現実的獲得」より「短い」期間ですむが、後者は人間が自分自身と闘う必要があり「長期に」わたることは容易に判断できる。なにをメルクマールとして未来社会とするのか、ここに問題の核心があることは明白である。

『資本論』ではどうみているか

次に『資本論』をみてみる。ここでは二段階論を直接、結びつけて論じてはいない。そのため分析的にみてみる必要がある。まずマルクスは「収奪者が収奪され」資本主義的搾取が終焉するところでは次のようにいう。

分散した私有から資本主義的な私有への転化は「資本主義的所有から社会的所有への転化に比べれば、比べものにならないほど長くて困難な過程である。前には少数の横領者による民衆の収奪が行われたのであるが、今度は民衆による少数の横領者の収奪が行われるのである」（全集第二三巻b九九五ページ）。

逆説的な言い方であるが、生産手段の社会的所有への転化は資本主義以前の所有の転化に比べれば比較にならないほど「短い」過程ですむといっている。ところが『資本論』で初めて未来社会そのものの全体像が簡潔にでてくるところでは次のように述べている。

「最後に気分を変えるために、共同の生産手段で労働し自分たちのたくさんの個人的労働力を自分で意識して一つの社会的労働として支出する自由な人々の結合体（アソシエーション）を考えてみよう」（全集第二三a一〇巻五ページ、傍線引用者〈以下同〉）。

ここでは生産手段の社会化は完了しており、そのもとでの労働を論じている。その際、重要な点は個々の人間が「自分で意識して」すなわち人間が「意識的な人間」に変わり、したがって個々人の労働は「直接に社会化された労働」（一〇四ページ）になっていることである。自由なロビンソンは「個人的ではなく社会的」（同上）に現われ、すべての人々が自由であり社会的になる。その結合体が未来社会である。『経哲手稿』がいう人間が「人間的本質」を獲得し「個と類の抗争」が解消された社会が実現する。

以上のことからいえるのは『資本論』でも生産手段の社会化がまずは必要であり、次に人間が「意識的な人間」になる段階がくる。前者は「短い」期間でおこなわれ、後者には「長い」期間を要することは『経哲手稿』でみたとおりである。

『フランスにおける内乱』は一段階論か

『フランスにおける内乱』は人間が意識的人間になる第二段階を実現する問題を論じたものである。そのためには「人間をつくりかえる」必要性をクローズアップさせている。マルクスは次のように述べている。

「自分自身の解放をなしとげ、それとともに、現在の社会がそれ自身の経済的作因によって不可抗的に目ざしている、あのより高度な形態をつくりだすためには、労働者階級は長期の闘争を経過し、環境と人間をつくりかえる一連の歴史的過程を経過しなければならない」（全集第一七巻三二〇ページ）。

それはどれほどの長さの歴史的過程なのであろうか。奴隷制が農奴制へ、農奴制が資本制に移行するのと「同様に、……長い過程をつうじてはじめて可能になる」（『内乱』第一草稿　同上　五一八ページ）。

『フランスにおける内乱』が描く未来社会への移行は数世紀かかることになる。マルクスはこの長い過程の内容を極めて僅かな言葉でしか述べていないが、それは分配の変更だけではなく、「生産の新しい組織」をつくり現在の「奴隷制のかせ」から労働を解放し、それを国際的にも調和させ、さらに人間が「階級的利己心」を克服し意識的人間になるまでの全過程である。これは第二段階への移行を具体的に初めて論じたものであり、非常に重要な意義をもっている。

しかし本稿の趣旨からみれば注意深く吟味すべき諸問題がある。まず以上の引用文に（また『内乱』全体に）第一段階のことが入っているかどうかという問題である。即座に判断することはできないが、私は入っていないと考える。『内乱』はパリ・コンミューン自身がすでに第一段階を始めようとしている現実を詳細に論じているからである。マルクスはコンミューンが目指していた「協同組合の連合体」が「一つの共同計画」で生産を調整するなら、それは「可能な共産主義」(三一九〜三二〇ページ)であるとしている。したがって生産手段の社会化は現在進行中の問題なのである(パリ・コンミューンが三カ月経たらずで終わったにしても)。問題はその第一段階の後でも未来社会をつくるために労働者階級がやらなければならない一連の過程があることをマルクスは強調したかったのだと思う。

このようにマルクスが第二段階にいたる過程を解明しようとしたことをもって、第一段階(社会主義)をも「過渡期」とみなし、『内乱』は一段階論だとするなら、それはマルクスの真意とは違うのではないかと考える。

次にマルクスは未来社会への移行には長期の期間(数世紀)が必要と述べた直後に、「コンミューン形態によって一挙に巨大な前進」ができると指摘していることをどうみるかという問題がある。ここからマルクス自身、未来社会の実現をいわれるほど長期にわたるものと想定したのではないと考えることができないでもない。しかしマルクスは「人間をつくりかえる」といっているので、人類史観から理論的にみれば長期にわたるとマルクスが捉えていたことは確かではないかと思う。

いずれにせよ今日の日本において「資本主義後の社会」を語るとき『内乱』が呈示する未来社会像をもってそれにかえるのは現実性のない未来社会論になる。最も現実的に解明している『ゴータ綱領批判』が重要である。

『ゴータ綱領批判』と「人間のつくりかえ」

『ゴータ綱領批判』はマルクス未来社会論の最終的到達点である。マルクスは共産主義社会を「第一段階」と「より高次な段階」に疑問の余地なくわけている。また「より高次な段階」にいくにはなぜ「人間のつくりかえ」が必要であるかを明らかにしている。

まず第一段階についてである。あまりにも有名なテーゼであるが、近年ではすっかり忘れさられているので引用する。

「この共産主義社会は、あらゆる点で、経済的にも道徳的にも精神的にもその共産主義が生まれてきた母体たる旧社会の母斑をまだおびている」(全集第一九巻二〇ページ)。だから「個々の生産者は、彼が社会にあたえたのと正確に同じだけのものを返してもらう」（同上）。したがって「ブルジョア的権利」がまだ残る。「しかしこうした欠陥は、長い生みの苦しみののちに資本主義から生まれたばかりの共産主義の第一段階では避けられない」（二一ページ）。

「より高次な段階」（第二段階）については次のように述べている。

「共産主義社会のより高度な段階で、……労働そのものが第一の生命欲求となったのち、個人の全面的な発展にともなって……各人はその必要に応じて！」受け取ることができるようになる（二一ページ）。

生産手段の社会化は人間を搾取から解放し人間を大きく変え、人間解放にむけての大きな前進となる。しかしそれでもなお第一段階では人間はまだ「経済的にも道徳的にも精神的にも」古い社会の母斑をつけている。換言すれば第一段階は「普通の人間」でつくる社会である。マルクスがこのことを明らかにすることによって、初めて未来社会がわれわれにも手のとどくものとして語れるようになった。『ゴータ綱領批判』の意義は極めて大きい。

第二段階（共産主義社会）は労働が喜びになり人間は全面的発展をとげた社会であり、いますぐ実現できるものではない。第一段階への到達が「短い」過程となり「より高次な段階」が「長い」過程になるのは明白である。マルクスが第一段階が「長い生みの苦しみののち」に生まれるとしているのは資本主義制度のもとでの労働者階級の闘争の長い過程を意味しているのであり、第一段階への移行のための「過渡期」を指しているのではない。

以上みてきたすべてのことからマルクス未来社会論は、同一の社会構成体のなかに二段階があり、未来社会の到来を「生産手段の社会化」をメルクマールにすれば「短くて済み」、「人間のつくりかえ」をメルクマールにすればきわめて「長い」先のものとなる。『経哲手稿』以来のマルクスの思想は明白であり、マルクス未来社会論を論じる場合の前提となる。このことを確認したうえで次に今日における社会主義論を検討することにする。

二、各種の社会主義論と「市場社会主義」

いま未来社会を論ずる場合、第二段階の未来社会を語ることはマルクスの哲学思想の人類史的意義を明らかにするうえで極めて重要なことである。同時にいま求められている「資本主義後の社会」を語る場合、もっとも傾注しなければならないのは社会主義についてであろう。それをマルクスの理論との関連で明らかにしていくことが必要である。
いま一般的には生産手段の国有化と計画経済という従来型の社会主義論が崩壊して以来（そういわれている）、社会民主主義的改良論が支持を受けている。しかし同時にそれを越えた新しい社会主義論が様々に提唱されている。最近では斎藤幸平編『未来への大分岐─資本主義の終わりか、人間の終焉か?』（集英社新書）をあげることができるであろう。またこれまでも「市場社会主義」論、「株式会社・社会主義」論、「エコロジー社会主義」論、「アソシエーション」論、「コミュニティー」論（地域共同体論）、「協同組合」論、「共生社会」論などがある。社会主義は理論（理念）、運動、体制からなっている。これらの社会主義論は「理念」的なものもあり（「アソシエーション」論、「エコロジー社会主義」論）、活動参加者の意識の問題は別として「運動」として現に存在するものもあり（「コミュニティー」論、「協同組合」論、「共生社会」論）、また「体制」としてのものもある（「市場社会主義」論、「株式会社・社会主義」論）。どれもそれぞれ積極的意義をもっており、あれこれの欠点を指摘して否定すべきではない。「反資本主義」的なものはすべて結集する必要がある。このなかからマルクスとの関連でよく研究しなければならない「体制」としての「市場社会主義」論についてみてみたい。

市場経済とマルクス

この問題はソ連が崩壊する以前からあった議論であるが、中国での市場経済導入が経済を急速に発展させたことによって一層の脚光を浴びるようになった。この問題には二つの側面がある。市場のもつ積極的側面と、市場と資本主義との関係という側面である。市場は需給関係の自動調節的機能や効率性の保障といった積極的機能をもっている。それは社会主義でも大いに活用すべきである。しかし市場経済は資本主義の復活を意味しないかという問題がある。よく市場経済は流通過程の問題であり生産過程の問題ではないので社会主義でも市場経済を取り入れることになんら問題はないという議論がある。これをマルクスの理論からどうみるかである。「市場は暴走する」（無政府性）というだけで理論的解明ができたとは思わない。かなり突っ込んだ理論的解明が必要である。

マルクスは「生産手段の共有を土台とする協同組合的社会の内部では、生産者はその生産物を交換しない」（『ゴータ綱領批判』全集第一九巻一九ページ）と断言している。

「なぜなら、いまでは資本主義社会とは違って、個々の労働は、もはや間接ではなく直接に総労働の構成部分として存在しているからである」（同上）。交換がなくなれば市場経済もなくなるのは当然である。しかしこれは社会主義にも当てはまることなのだろうか。私にはそうではないと思える。

前章でみたとおり、労働がこういうものになるのはマルクス未来社会論の第二段階でのことであり、第一段階（社会主義）では生産者はまだ自分が社会にあたえたのと正確に同じだけのものを返してもらうことを要求する。したがって「ここでは明らかに、商品交換が等価物の交換であるかぎりでこの交換を規制するのと同じ原則が支配している」（二〇ページ）。等価物の交換が実現することは大いなる「進歩」であるが、まだこういう「ブルジョア的権利」による制限がつきまとっている。こう述べるマルクスは第一段階では生産過程の市場化は廃絶されるが、「個人的消費手段が個々に分配されるさいに」は等価物交換がおこなわれるのであり流通過程の市場化はありうると考えていたといえないでもない。問題はそれが資本主義への回帰に繋がらないかどうかということである。

流通過程と生産過程

『資本論』は生産過程を第一に分析し次に流通過程を分析している。「宇野経済学」がその反対のコースをとっていることは周知のところである（ここで「宇野理論」に言及するのは、それが社会主義も市場経済を部分的に残すとしているからである）。しかし流通過程が生産過程を商品形態化するという点では、マルクスも宇野弘蔵も共通している。「宇野理論」から先にみてみる。

「宇野理論」は資本主義社会は商品経済が全面的に支配することを特徴とする社会であると規定する。その商品経済は生産過程から生まれるのではなく、「共同体と共同体の間」すなわち「いわば生産過程と生産過程との間に発生した交換関係」から生まれる。この交換は暫次に共同体に「分解的影響」をあたえながら共同体の「内部に滲透」していく。そして古代、中世を通じて商品経済は拡大していき、ついにイギリスにおいて「生産過程をも商品形態化」し、「ここに初めて資本主義社会が形成」されたとしている（『経済原論』）。

商品交換・市場経済が生産過程にとって外在的存在であっても生産過程をも商品経済が包摂してしまい、生産過程が商品形態化・市場経済化され資本主義的生産関係を形成するという主張である。

実はこれはマルクスがいっていることなのである。マルクスは確かに『資本論』で「資本の生産過程」から入っているが、同じ『資本論』のなかでいま述べたのと同様な思索を一回転させている。マルクスは次のようにいう。

「商品は自分で市場に行くことはできないし、自分で自分たちを交換し合うこともできない。だから、われわれは商品の番人、商品所有者を捜さなければならない」（全集第二三巻a一一三ページ）。

マルクスは歴史的探察をめぐらし古代の共同体あるいはその成員に所有者を発見した。

「商品交換は、共同体の果てるところで、共同体が他の共同体またはその成員と接触する点で、始まる」（全集第二三巻a一一八ページ）。そこから次のような論理を展開する。

物がいったん対外的に商品になれば、それは「反作用的に（共同体の）内部的生活でも商品になる」。共同体内部では初めは交換の割合は「偶然的」に決まる。しかしそのうちに、「他人の使用対象にたいする欲望が、だんだんと固定してくる。交換の不断の繰り返しは、交換を一つの社会的過程にする」。そうなると物の一部ははじめから「交換を目的」として生産され始める。「この瞬間から」、一方では物の「直接的必要のための有用性」と、「交換のための諸物の有用性」との「分離」がおこる。ここから諸物の「使用価値」と「交換価値」が分離することになる（同上）。

マルクスはこの思索を『資本論』冒頭の商品分析の後に置いているが、こうした思索があってこそ、それができたといえる。その後は貨幣、貨幣の資本への転化、絶対的剰余価値の生産、資本主義（資本-賃労働）の成立へと進んでいった。交換という流通過程が物を商品にし、その不断の交換が生産過程に影響を及ぼし、ついに資本主義をつくりだしている。したがって商品交換・市場経済は資本主義と結びついており、市場経済が全面的に開花したのが資本主義である。市場経済は生産関係と無縁であるとすることはできない。

「市場社会主義」とは

ところで社会主義とは意識性（計画性）を本質とするものである。これと市場経済との関係はどうなるのだろうか。「市場社会主義」という概念は論者によって考えがいろいろある。社会主義になっても企業は「分立的・自立的単位」として機能しているので、その間は市場で結ぶことが不可欠であるという考えもある。傾聴すべき意見だと思う。私は社会主義が計画性を本質とするものであるという立場に立っているので「市場社会主義」という概念はとらない。しかしすでに述べたようにマルクスでさえ社会主義での流通過程の市場化を示唆したと思えるほどであるので、意識性と市場経済を結合してとらえるべきだと考えている。具体的には計画的に生産された生産物が実際に実現されるかどうかはやはり市場による。ソ連では生産物を国家が分配していた。これが機能不全に陥ったことは事実が示すとおりである。計画は人間が意識的に立案するものであり、理論的にいって欠陥は免れえない。また国民生活の細部にわたって需給関係を計画化することは不可能である。したがって市場を計画経済のフィードバック（自動修正装置）として活用することが重要であると考える。

いずれにせよ「市場社会主義」論は理論的にも実践的にも創造的な思考を必要とするものであり、集団的検討が欠かせない。ただはっきりいえることがある。「市場社会主義」を唱える中国指導部内部で長い間、計画か市場かで論争があったが、二〇一三年（習近平政権下）に資源配分において「市場の役割が決定的」であるとの決定をおこなった。これは社会主義の思想とは両立しないということである。中国はいま流通過程の市場化が完了し、生産要素（労働、土地、生産手段）の市場化の段階に入っている。これがそのまま進むかどうかは現実をみていかなければならないが、先に検討した関係（市場経済と資本主義）からみれば理論的には、これが資本主義への回帰になることは明白である。計画と市場とは「対立物の統一と闘争」の関係にある。社会主義はその「統一と闘争」の過程であり、人間もかわる共産主義社会で市場問題は止揚されるのだと思う。

三、マルクスの創造的発展のための諸課題

マルクスが壮大な構想力をもっていたことは誰も否定できない。そのマルクスでも想像できなかった問題が現代では多々おこっている。いまみた計画経済と市場経済の問題もその一つであるが、いま発達した資本主義社会では市民と市民運動の問題が大きくクローズアップされている。また市民が社会主義を嫌悪する一番の問題は「社会主義」になっても官僚が人民を支配するという現実におこった問題である。社会主義で官僚制を成立させないためにはどうすればいいかも大きな問題である。最後にこの二つの問題をみてみたい。

労働者と市民の同一性について

マルクスは「市民」と「市民社会」について多くのことを語っている。しかし今日の日本を含む発達した資本主義社会にみられる「市民運動」を経験したことはなかった。いま労働運動は停滞しているが、市民運動は発展し現実政治を変えていくうえで大きな役割を果たしている。こうした現象を階級関係を重視するマルクス主義はどうみるのだろうか。この問題は政治運動と関連した側面が多いが、今日の社会における社会変革の主体の問題として、また史的唯物論のいう生産関係の問題としてどう捉えるかを検討する必要がある。

まず主体の問題であるが、労働者は階級性と市民性を同時にもっていることが重要である。このことを早くから指摘していた吉田傑俊氏（法政大学教授・当時）は、「現代社会においては、同一の人間が同時に階級であり市民でもある」と述べている（『市民社会論』二〇〇五年）。私は戦前の日本の前近代的資本主義が、戦後の高度成長期をとおって「豊かな社会」にいたったとき、労働者でありながら労働者の思想と行動がそれぞれ大きく違ってきた現実をみると、事実の問題としてこの命題を納得して受け入れている。資本主義の発展は階級性と市民性をもった労働者をつくりだしたことは事実である。

それでは労働者と市民とはどこがどう違うのであろうか。それがなぜ同一になるのだろうか。ここでは問題を理論的にみなければならない。この問題ではマルクスを振り返ることも大切である。マルクスも同一視する思想があったとする吉田氏の主張を踏まえながら考えると次のようになる。

マルクスの見解は重層的であり、単純化の誹りを恐れずにいうと、労働者はブルジョアジーを打倒する（『共産党宣言』）。これは階級史観である。しかし勝利した労働者は「生産と交換」を組織し社会を運営しなければならない。「生産と交換」（注）の組織はこれまでのどの社会にも共通する歴史貫通的なことである（『ドイツ・イデオロギー』その他）。労働者はブルジョアジーを打倒してからこの能力を得るのではなく、資本主義制度のなかで労働者が闘いをとおして可能なかぎり身につけていく（いかねばならない）ことである。また文化的・道徳的要素も身につけなければならない。こうして労働者は労働者だけではなく社会の一員としての市民になる。階級も市民もこの社会の成員として存在している。そして未来社会とは「国家権力が、……社会によって、人民大衆自身によって再吸収」される市民社会である（『フランスにおける内乱』第一草稿　全集第一七巻五一四ページ）。

マルクスには階級観と同時に、こうした歴史貫通的な市民社会的観点（『経哲手稿』からいえば人類史観）があったといえる。今日の発達した資本主義国では労働者は闘いを通じて「生産と交換」を組織する能力を大いに身につけていく。そういう意味では『フランスにおける内乱』より短い期間で未来社会へ到達することが可能であるともいえるが、この問題は別の機会に譲りたいと思う。

（注）『ドイツ・イデオロギー』でいう「交通」概念は様々に理解されているが「交換」と解することもできる。マルクスも責任を負っている『反デューリング論』では明確に「生産と交換」が「あらゆる社会制度の基礎」であるとしている（全集第二〇巻二七六ページ）。

市民社会論とのかかわり

次に史的唯物論との関係であるが、現代資本主義社会では市民性が発展し階級的生産関係論では捉えきれない問題が多方面にわたって拡大している。日本では人間に親和的分野（医療、介護、福祉、子育て支援、教育）と各種の研究分野が拡大し、そこに機能的に従事する多数の人々を抜きに、またそこで生起する諸問題への取組み抜きに社会変革は考えられない。また人間としての様々な権利を確立するための運動が発展している。先進国での新しい問題としてこのことを論じたユルゲン・ハーバーマスの議論は一つの卓見である。彼は周知のとおりマルクスを批判的に検討し市民運動を重視し、言語を媒介にした市民の公共圏という市民社会論を展開した。これは日本の思想界にも大きな影響を与えた（『公共性の構造転換』『コミュニケイション的行為の理論』）。

ハーバーマスを含め市民社会論一般は社会体制（資本主義とか社会主義とか）からの独立、国家から社会の分離を特徴としている。日本の市民運動も政党からの独立から始まり、政党による市民の区分化を拒否することを特徴としている。資本主義社会のもとで起こっている前記の諸問題の抜本的解決は資本制を克服した社会でしか実現しないとし、体制転換の理論の優先性を主張するなら「経済還元主義」、「階級一元論」として拒否される。市民運動、市民社会論はそれ自体の価値を重視し、それと連帯していくことが重要である。

同時に市民社会論の限定性もある。運動論に限定していうとハーバーマスは一方の極に東独・ソ連の「秘密警察的社会主義」を置き、他方で国家干渉主義を特徴とする「後期資本主義」を置く。この両極端のうえに市民社会を設定し体制からの自立、国家権力からの独立を説く。「ベルリンの壁」がライプチッヒの教会から始まった市民運動の力で崩壊した事実が、この議論の有効性を一方で確認した。しかし本来あるべき社会主義の本質あるいは資本主義の本質を解明することなく、極端化した双方のうえに議論を成立させることは市民社会論を脆弱な基盤に置くことになると思う。東欧諸国で共産党政権を打倒したのは市民運動であった。しかし市民運動は政権についたものの「国づくり」のプログラムをもっていなかった。政権は一年も経つと崩壊し、資本主義勢力あるいは親資本主義勢力が政権につき外資が支配する国あるいは西ヨーロッパへの大量の「移民輸出国」にしてしまった。このこともう一つの事実である。市民運動の価値を評価しつつ、マルクス理論をどう発展させるかはマルクスの創造的発展の今日的課題である。

社会主義での官僚制をどう克服するか

市民社会論の限定性を指摘する以上に重要なこととして、社会主義での官僚制をどう克服するかというわれわれ自身の問題がある。

マルクスは組織問題では極めて楽観主義者であった。労働者国家やその政権党が官僚主義や官僚制に侵されることなど考えたことはなかった。パリ・コンミューンがつくった吏員のあるべき諸原則を高く評価した。また『資本論』で未来社会の企業運営についてオーケストラの指揮者と団員の関係を示唆した。「結合した労働者」という考えもあった。しかし全体として組織問題を具体的には議論していないと思う。私はバクーニンが正しかったなどというつもりは毛頭ないが、バクーニン・マルクス論争の真の意味がどこにあったのかは、ソ連・東欧諸国の崩壊という現実に照らして今日でも一度は再考してみる必要があることだけは指摘しておきたい。

レーニンは革命前は非常に楽観的であったが、革命後はこの問題で悩まされ続けた。「レーニン最後の闘争」とはスターリンの大国主義との闘争とともに、国家と政権党の官僚主義との闘争があった（参考論文「われわれは労農監督部をどう改組すべきか」、「量は少なくても、質のよいものを」全集第三三巻）。

ソ連社会が官僚専制社会になった理由としてノメンクラツーラ支配があげられることが多い。それではノメンクラツーラがどうして生まれたのであろうか。ソ連では「市民社会」が形成されていなかったとか、労働者が「生産の管理・運営」に参加できなかった等々の理由があげられる。しかしこれは概念的すぎると思う。具体的問題の根本はどこにあったのであろうか。レーニンは「文化の不足」をあげた。レーニンの時期にはまだ「官僚層」が形成されていなかったが、勝利した労働者が生産し交換し社会を管理するだけの能力、換言すれば「文化」をもっていなかった。レーニンはわれわれにあるのは「農奴的文化」であり、それなしにやっていくために「手はじめに、真のブルジョア文化で十分である」と述べている（「量は少なくても……」同上、五〇八ページ）。教育をつうじて「西ヨーロッパの最良の模範におくれをとらないような人材」（同上）を育成していくことが党と国家の官僚化を防ぐ道であるとした。

スターリンはそれとは反対に党と国家の運営にあたり党・国家機構内の家父長的勢力に依拠した。命令主義、強制、暴力、怒鳴りつけ、そして指導者への忖度（下からの官僚主義）をはびこらせた。トロツキーを除名（一九二七年）する以前から反対派の集会に「やくざ者」を投入し集会を暴力で潰したりし、西ヨーロッパの新聞で大きな問題となった。これを憂慮したグラムシはスターリン宛に手紙をだしている（一九二六年一〇月一四日付）。しかしスターリンは無視し、この勢力の頂点に立つようになった。独裁者になってからのスターリンの悪事だけでなく、独裁者になっていく日常的過程の研究も重要である。

発達した資本主義からの移行の場合

それでは文化水準の高い発達した資本主義から社会主義へ移行した場合、これといった障害もなく官僚層の形成を防ぐことができるのであろうか。そうではない。社会主義社会の人間はまだ「経済的にも道徳的にも精神的にも」資本主義社会の「母斑」をつけている。「利己心」があり「出世欲」がある。政権党の党員はそうはならないという保障はなにもない。国家なかんずく政権党をチェックできる制度の確立、政権党自身の民主的運営の制度的確立が不可欠である。

それと同時に官僚制とはなにかの研究もぜひ必要である。マックス・ウェーバーは官僚制体系とは「任命・俸給・昇進・職務の分割・上意下達・権限の限定・文書主義」から成るとした（荒木武司『マルクス社会主義論の批判的研究』参照）。スターリン後のソ連の実状からみた私見では官僚が社会層となり人民の上に立つようになる要因は、「任命、俸給、昇進」のありかたにあったと思う。俸給の差は極めて遠慮深いものでなければならないのにそうではなかった。任命・昇進（それにともなう俸給の拡大と特権）がまったく非民主的であった。ポストの任命制のため党員でなければ一定の社会的地位につくことはできない。昇進は党員の党指導部への忠誠度で決まる。このような社会では一般の非党員はどれほど才能があっても、それにふさわしい仕事は得られない。こうして党は「統治の党」、「出世の党」に変質してしまっていた。

　ノメンクラツーラは階級的基盤をもっていない。したがって社会主義でのノメンクラツーラ出現を必然とすることはできない。民主主義の十分な発揚により官僚層の形成という現象を萌芽のうちに潰すことは可能であり、ノメンクラツーラ支配を出現させないことは可能である。官僚層が社会体制として確立されてから、それを潰すのは容易なことではない。「勝利した労働者階級が自分自身をどう管理するか」の問題は単純な事柄ではない。これまでの負の経験を踏まえ組織論の創造的発展をはかることは大きな課題である。

　いま先進資本主義国でも貧富の格差の拡大は深刻な問題になっている。地球環境の破壊と気候変動の問題は全人類的問題である。資本主義の枠内でもこれらの問題の解決のために全力で闘っていかなければならないが、同時になぜこうした諸問題が起こるのかの根本を明らかにしていかなければならない。いま多くの国民が社会主義に懐疑的・否定的であるのはなぜかをよく知り、社会主義について大いに語っていく必要がある。今日はそういう時代であると思う。

（きくなみ　ひろし・元参議院議員）

論文

「働き方改革」で生産性の向上は可能か

松浦 章

はじめに

「働き方改革関連法」が、二〇一八年六月二九日の参院本会議で可決、成立した。政府は、裁量労働制をめぐる厚生労働省の調査データの不備が多数見つかった問題を受け、裁量労働制の適用範囲拡大については断念せざるをえなかった。

しかし、高収入の一部専門職を労働時間の規制から外す「高度プロフェッショナル制度」の導入や、過労死ラインを超える残業時間の上限規制などについては、野党の反対を押し切り採決を強行した。高度プロフェッショナル制度の導入では、初めて労働時間規制を取り払うという点で、日本の労働慣行は大きな転換点を迎えたと言える。

労働時間規制撤廃の必要性について、八代尚宏はかねてより「労働者の地位が向上した現代社会では、個人がどのような働き方を選ぶかは、原則としてその自由裁量に委ねるべきであろう」と主張してきた（八代 一九九九、一〇八頁）。

しかし、「労働者の地位が向上し、自律的に働いている」という見解は正しいのであろうか。さらに、このことを前提として創設された「働き方改革法」は、はたして長時間労働の是正につながるのであろうか。また、根本的な問題として、「日本経済の再生を実現するために」進めようとする安倍政権の「働き方改革」は、長期不況の克服や「生産性向上」を可能とするのであろうか。

1 「働き方改革」の目的

働き方改革法は「働き方改革実現会議」の実行計画に沿ってつくられた。同会議は、二〇一六年九月、「働き方改革の実現を目的とする実行計画の策定等に係る審議に資するため」開催されることとなったものである。安倍総理自らが議長を務め、麻生副総理、菅官房長官、榊原日本経団連会長、神津連合会長などが構成員となった。二〇一七年三月二八日策定した「働き方改革実行計画」では、経済社会の現状について次のように述べている。

「我が国の経済成長の隘路の根本には、少子高齢化、生産年齢人口減少すなわち人口問題という構造的な問題に加え、イノベーションの欠如による生産性向上の低迷、革新的技術への投資不足がある。日本経済の再生を実現するためには、投資やイノベーションの促進を通じた付加価値生産性の向上と、労働参加率の向上を図る必要がある」

この現状分析のどこにも過労死問題や長時間労働で疲弊する労働者に思いをはせる言葉が出てこない。そして、働き方改革の意義について次のように言う。

「働き方改革こそが、労働生産性を改善するための最良の手段である。生産性向上の成果を働く人に分配することで、賃金の上昇、需要の拡大を通じた成長を図る『成長と分配の好循環』が構築される。個人の所得拡大、企業の生産性と収益力の向上、国の経済成長が同時に達成される。すなわち、働き方改革は、社会問題であるとともに、経済問題であり、日本経済の潜在成長力の底上げにもつながる、第三の矢・構造改革の柱となる改革である」

2 経済界が考える「生産性」とは

それでは、経済界は「働き方改革」をどう受け止めているのであろうか。日本経団連の二〇一七年度『経営労働政策特別委員会報告』（以下『経労委報告』と記す）の表題は「人口減少を好機に変える人材の活躍推進と生産性の向上」である。問題意識はやはり「生産性向上」にあると言える。「わが国の労働生産性の現状」の項では次のように現状を分析している。

「日本生産性本部によると、二〇一四年のわが国の労働生産性（就業者一人当たりのGDP）は、主要先進五ヵ国において最下位であった。ＯＥＣＤ平均と比較すると、製造業は平均を上回ったものの、全産業では大幅に下回っており、ホワイトカラーの多い非製造業の労働生産性が低いことが理由の一つと考えられる」（日本経団連二〇一七、八～九頁）

日本は生産性が低い。この現状を打開するのが安倍政権の「働き方改革」だというわけである。しかし、この日本経団連の『経労委報告』には大きなすり替えがある。なぜ日本の労働生産性は低いのか。これまではどうであったのか。そもそも「生産性」とは何なのか。そのことには一切触れていない。

まず、彼らが用いている「生産性」の定義について考えてみよう。日本経団連が低いと言う「生産性」とは、『経労委報告』に記載しているとおり「就業者一人当たりのＧＤＰ」である。ＧＤＰ（国内総生産）とは、一年間に国内で新たに生産された財・サービスの価値、つまり「付加価値」の合計を言う。その就業者一人当たりの額が他の先進国より低いということになる。国際的な指標として一般に用いられる国民一人当たりのＧＤＰと置き換えても差し支えないであろう。それでは「付加価値」とは何か。

『経労委報告』が引用している日本生産性本部は次のように定義している。

「付加価値とは、生産額（売上高）から原材料費や外注加工費、機械の修繕費、動力費など外部から購入した費用を除いたものです。一般に、企業は原材料など外部から購入したものを加工したりして製品を販売しますが、その際にさまざまな形で手を加えることによって新たに付け加えた価値を金額で表したものが付加価値になります」

これを図示したものが次頁「付加価値の内訳」である。つまり付加価値の内訳としては、企業の利潤のみならず、労働者の賃金も大きなウェイトを占めているということである。

日本の一人当たりＧＤＰが他の主要先進国に比して低いことは事実である。ＯＥＣＤの統計によると二〇一八年度の日本の国民一人当たりＧＤＰは二六位（名目ＧＤＰ、ＵＳドル換算）であった。この点では日本経団連の指摘するとおりである。しかし、それではなぜ日本の一人当たりＧＤＰは他の先進国より低いのか。

ここに日本経団連の『経労委報告』が意識的に触れようとしない論点がある。日本経済の長期停滞の一要因である消費需要の低迷と、その原因の一つである労働者の実質賃

付加価値の内訳

<table>
<tr><td rowspan="5">売上高</td><td>・人件費</td><td>人件費</td><td rowspan="4">付加価値</td><td rowspan="3">（純付加価値）</td></tr>
<tr><td>・賃借料
→地代家賃・リース料等
・（支払特許料）
・金融費用（金融収支）
→支払利息・割引料等
・租税公課
→固定資産税・登録免許税等
→法人税・住民税</td><td>企業運営費</td></tr>
<tr><td>・配当金
・内部保留等</td><td>経営利益</td></tr>
<tr><td>・減価償却費</td><td>減価償却費</td></tr>
<tr><td>・原材料費
・部品費（商品仕入額）
・外注加工費
・運賃などの製造経費</td><td>外部から
購入した部分</td><td></td><td></td></tr>
</table>

（日本生産性本部ホームページ 2019）

金の下落傾向についてである。ＯＥＣＤのデータに真摯に向き合ったならば、企業の利潤の動向と併せて、賃金の推移に目を向けざるをえない。しかし、日本経団連は一人当たりＧＤＰと労働者の賃金との関係には一切言及しようとはしないのである。

　では日本の労働者の賃金水準は国際的に見てどうなのか。図は一九九七年を一〇〇とした場合の実質賃金の国際比較を表したものである。先進七カ国が大幅に上昇しているのに比して日本の労働者の賃金は一九九七年をピークに下がり続けている。

　一方、一人当たりＧＤＰはどうであろうか。労働者の賃金がまだ比較的高かった一九九〇年代のＯＥＣＤ統計を見れば、日本は概ね三～四位（名目ＧＤＰ、ＵＳドル換算）あたりで推移しており、二〇〇〇年には第二位となっている。それが二〇〇一年五位、二〇〇二年八位と下降線をたどり、第一次安倍内閣の二〇〇六年には二〇位に落ち込んでいる。今日、第二次安倍内閣のもとではさらに低下し二〇一七年二五位、二〇一八年は二六位にまで順位を下げた。

　表はＯＥＣＤ加盟国の中での日本の位置を表した東京新聞の報道である。内閣府の発表を引用し、二〇一七年度の日本の一人当たりの名目国内総生産（ＧＤＰ）は、二〇一

実質賃金指数の推移の国際比較（1997年＝100）

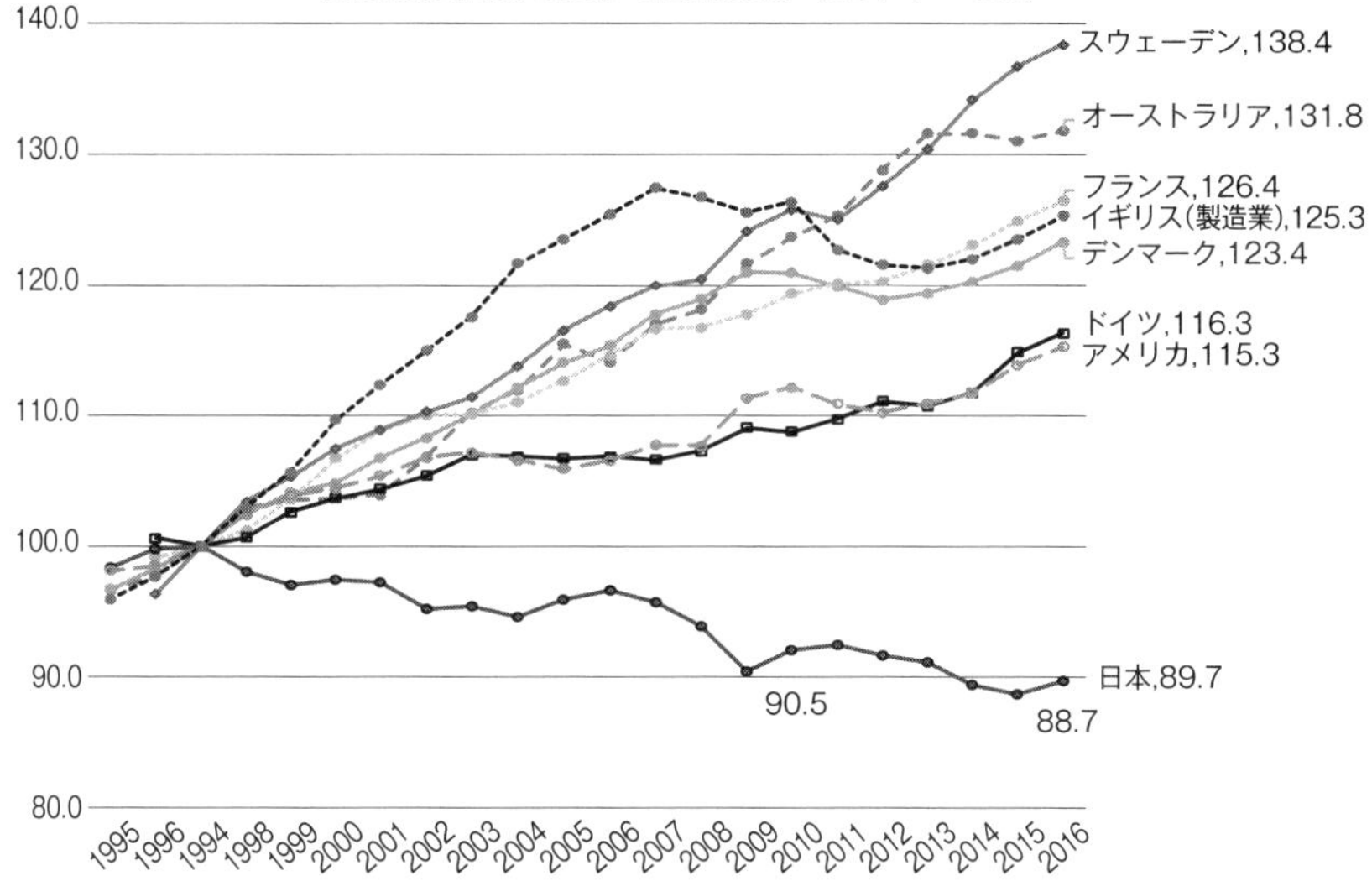

出典：oecd.stat より全労連が作成（日本のデータは毎月勤労統計調査によるもの）。
注：民間産業の時間当たり賃金（一時金･時間外手当含む）を消費者物価指数でデフレートした。オーストラリアは2013年以降、第2･四半期と第4･四半期のデータの単純平均値。仏と独の2016年データは第1～第3・四半期の単純平均値。英は製造業のデータのみ。

六年から順位を二つ下げ、経済協力開発機構（ＯＥＣＤ）加盟三六カ国中二〇位だったと報じている。

実質賃金の低下とともに国民一人当たりのＧＤＰ順位も低下していることになる。これは偶然ではないであろう。実質賃金が低下すれば、購買力が低下し消費が低迷し、経済の停滞を招くからである。ＧＤＰのほぼ六割を占める家計消費の落ち込みは、経済の長期停滞の原因であるだけでなく、国民一人当たりのＧＤＰの停滞と無関係ではないと言えよう。だから、日本経団連が一人当たりＧＤＰの水準を生産性のメルクマールとし、ＯＥＣＤ統計から日本の生

OECD 加盟国の１人当たりの名目 GDP
（2017年）

1	ルクセンブルク	10万4400ドル
2	スイス	8万0400
3	ノルウェー	7万5700
4	アイスランド	7万1300
5	アイルランド	6万9000
6	米国	5万9800
7	オーストラリア	5万7300
8	デンマーク	5万7200
9	スウェーデン	5万3300
10	オランダ	4万8500
11	オーストリア	4万7400
12	フィンランド	4万5800
13	カナダ	4万4900
14	ドイツ	4万4700
15	ベルギー	4万3600
16	ニュージーランド	4万2400
17	イスラエル	4万0600
18	英国	3万9800
19	フランス	3万8500
20	日本	3万8348

※日本は内閣府、その他はOECD
（『東京新聞』2018年12月26日）

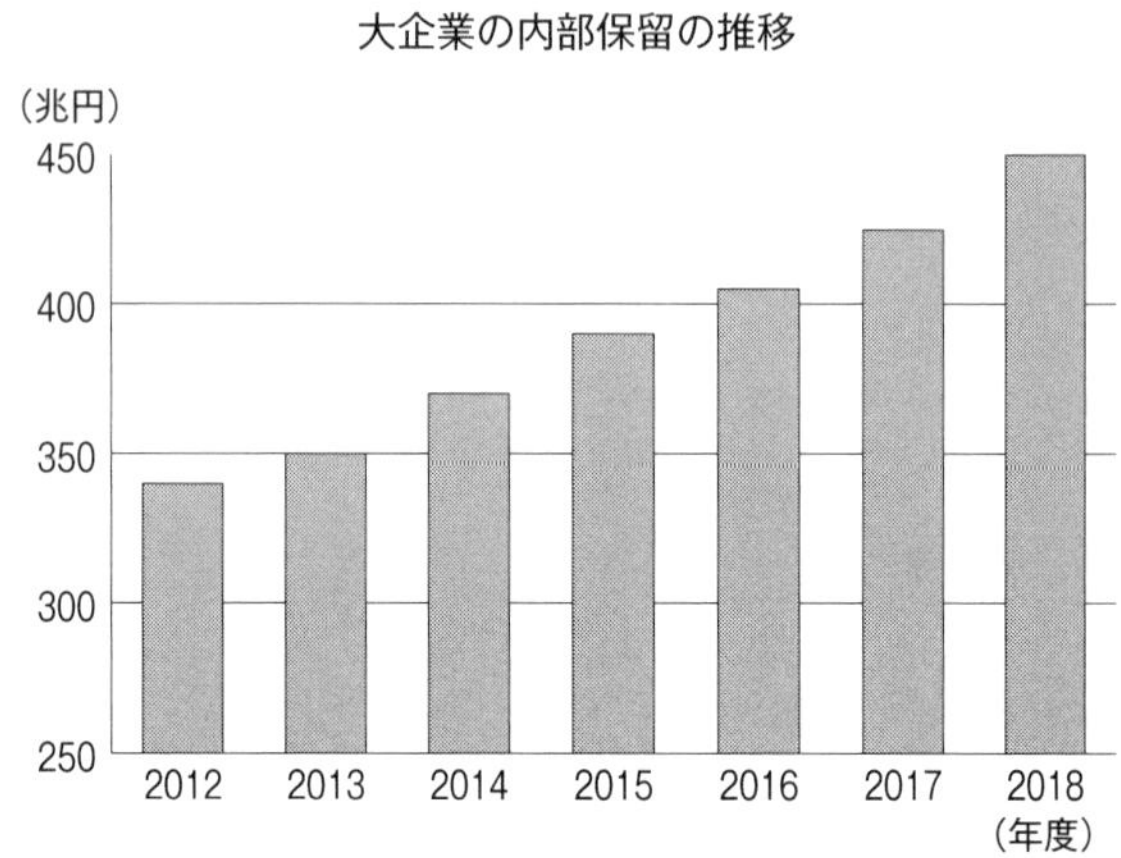

（『しんぶん赤旗』2019年9月3日）

産性の低さを問題にするのであれば、併せて、当然、労働者の賃金水準の状況にも目を向け、その低さをも問題にすべきなのではなかろうか。

端的に言って、労働者の実質賃金の引き上げを図れば、家計が潤って消費が伸び、経済の好循環が生まれ、必然的に国民一人当たりＧＤＰも上昇することとなる。解決策はそこにあるのではないか。

それは困難なことであろうか。財務省が二〇一九年九月二日発表した二〇一八年度の法人企業統計調査によると、大企業（金融・保険業を含む、資本金一〇億円以上）の内部留保は四四九兆一四二〇億円となり、過去最高を更新した（『しんぶん赤旗』二〇一九年九月三日）。賃金の低下と反比例し、大企業の利益は拡大し続けている。内部留保のごく一部を吐き出すだけで賃金引き上げは可能だと言えよう。

しかし、日本経団連の解決策はそうではない。「働き方改革」導入の目的に「生産性」の向上を上げてはいるが、その内実は成果主義を煽って人件費を節約し、ひたすら利潤拡大に血道をあげているのである。

3　損保業界における「働き方改革」から「生産性向上」を検証する

筆者がかかわる損害保険業界の状況から、日本経団連の方針を検証してみよう（松浦二〇一八、七七〜七九頁参照）。

損保業界は、二〇一〇年から金融持ち株会社のもとに経営統合され、三メガ損保グループがマーケットシェアの九〇％を占めるという先進国にはまれな寡占体制となっている。MS&ADインシュアランスグループホールディングス（三井住友海上、あいおいニッセイ同和損保など）、東京海上ホールディングス（東京海上日動、日新火災など）、SOMPOホールディングス（損保ジャパンなど）の三グループである。

損保ジャパンは、「働き方改革の全体像」を次のように位置付けている。「働き方改革とは、生産性を高めて時間を創出することで、個人の充実・成長を促し、会社のさらなる生産性向上や質を伴った成長に繋がる、という好循環を作り出す取り組みです」（二〇一七年七月二八日「『働き方改革』の推進策」）。

東京海上日動も「働き方の変革全体像」を、「『時間は有限である』という考えを前提に限りある時間の中で最大限の成果を発揮すべく、『時間当たりの生産性』を高める」（二〇一七年三月一〇日「働き方の変革ポータルサイト」）こととしている。さらに東京海上ホールディングスの永野毅CEO（当時）は、「働き方改革」は成長戦略であって、労働環境の改善が目的ではないと言う。

「当社の働き方改革は、労働環境の改善ではなく、社員の働き甲斐に重点をおいた会社の成長戦略そのものとして取り組んでいる」

「少子高齢化の中で、社員は出産、育児、介護等、様々な課題や制約を抱えながら、共通の『目的』に立ち向かうことになる。どんな制約があろうとも、〝社員の成長〟と〝会社の成長〟を両立するためには、社員と会社が協力し、『目的を共有した上で仕事に取り組む意識』と、それを支える『仕組み』を変えていかなければならない」（二〇一八年八月二一日「働き方改革の考え方（哲学）」）

「哲学」と称するこの言葉は、ある意味政府がすすめている「働き方改革」の本質を突いたものとは言えるが、業界リーディングカンパニートップの発言だけに、損保業界の労働現場への影響は大きい。

また三井住友海上は、働き方改革の実践課題として、二〇一七年四月から退社時間を遅くとも原則一九時とすることをルール化しているが、同社大阪の労使協議では以下のやり取りがなされている。

〈労組・副委員長〉

「一部の職場では『一九時退社』のみのイメージが先行して認識されており、『働き方改革』の先にある『目的』や『ビジョン』を理解しないまま取組が進められています」「『働き方改革』を全ての組合員・社員が前向きに取組むためには、**マネジメント層の意識改革と適切な旗振りが極めて重要**であり、『働き方改革』の趣旨・目的の正しい理解と適切な職場運営に向けたマネジメント層の継続的な教育・指導をお願いします」

〈会社・本部長〉

「『一九時退社』ではなく、生産性を高めることが『働き方改革』の目的であることをまず理解してほしい。効率的に働き、品質を向上させ、お客さま対応をしっかり行い、予算達成し、一九時退社を実現させることが目標である。マネジメントの意識改革が重要であり、しっかりと指導していく」（二〇一七年七月「三井住友海上労働組合大阪分会ニュース」太字、アンダーライン等原文のママ）

「働き方改革」の目的を何よりも、時間当たりの「生産性向上」とし、それを労使で共有するのみならず、もっと社員に徹底するよう労働組合から会社に求めているのである。なお、同社は一九時までの早帰り（決して早くはないが）を働き方改革の目玉としており、一九時以降残業を行う場合は課長を飛び越して部長の承認を必要とするほどの徹底ぶりである。マスメディアもこの政策には注目し各社大きく取り上げているが、一方で早朝六時台の出勤が相次いでいることは全く報じられていない。仕事量は減っていないのであるから、そのしわ寄せがどこに行くかは当然予想されることであろう。

また、近年日本列島は大災害に見舞われている。二〇一八年一年間の風水災での保険金支払いは一兆六千億円に上った。これは前年二〇一七年の八・四倍に上る史上最大規模のものである。そして二〇一九年、台風一五号、一九号が関東、東北地方に甚大な被害をもたらし、さらに、台風の爪痕が残る被災地を猛烈な雨が襲った。損保各社・社員と代理店は、その対応に全力を尽くした。

そうした状況の中、損保ジャパンは、損害サービス部門には「生産性」「専門性」「品質」の三つのミッションがあるが、近年の「品質」にフォーカスした取組みの結果、優先順位が劣後した状況になっているとし、これからは価値基準を変革して、三つのミッションのうち「生産性」に重点を置くとした（「二〇一九年度保サ〈筆者註：保険金サービス〉部門の収益拡大に向けた取組」二〇一九年五月二七日）。

同社の金融持ち株会社、ＳＯＭＰＯホールディングスの櫻田謙吾社長は、二〇一九年四月、経済同友会の代表幹事に就任した。はじめて財界の代表を輩出した損保会社が、大災害が相次ぐこの時期に、損害サービスの「品質」よりも「生産性」に重点を置くという方針に転換したわけである。消費者が損害保険に求めるものは何なのか。社員や代理店の思いはどこにあるのか。それらすべてに反するものだと言わざるをえない。

損保業界の進める「働き方改革」のプログラムは、日本経団連の掲げる企業利益偏重の「生産性拡大」路線そのものと言えよう。もちろん損保業界だけではない。現在大企業ですすめられている「働き方改革」の大半は、徹底した効率化と企業利益拡大のみを目的としたものになっている。

入り口は、「一人当たりＧＤＰ」という、国民経済生産性ともいうべき内容でありながら、出口では、企業利益偏重の生産性拡大へと、生産性概念が変わっているということである。このように経済界が、ＯＥＣＤのデータを恣意的に活用し、「働き方改革」の名の下に一層の効率化を進めようとしている以上、「働き方改革法」の成立は、労働条件の改善どころかさらなる長時間労働と過労死の促進に道を開くものと断ぜざるをえない。

無論、労働者の賃金を上げ購買力を高めるという方向など考えていないわけであるから、彼らの「目的」である一人当たりＧＤＰの引き上げにもつながらないであろう。

4　長時間労働の実態

とはいえ、政府は「働き方改革法」を成立させるにあたって、表面上は社会問題となっている長時間労働の解消をあげざるをえなかった。

日本の長時間労働は欧米に比べ今も飛びぬけている。政府はしきりに労働時間が減少したと言うが、これは非正規雇用の増大による労働時間の長短二極分化によるものである。見せかけの減少があるとはいえ、総務省・労働力調査によれば直近の年間総労働時間はなお二〇〇〇時間を超えている。厚生労働省・毎月勤労統計調査でも一七〇〇時間台である。労働政策研究・研修機構「データブック国際労働比較二〇一五」によると、一人当たり平均年間総実労働時間（就業者）は、二〇一三年度、日本が一七三五時間、フランスが一四八九時間、ドイツが一三八八時間となっている（日本は厚生労働省・毎月勤労統計調査による）。

さらに労働力調査二〇〇〇時間と毎月勤労統計調査一七〇〇時間の差、およそ三〇〇時間の大半は日本特有のサービス残業と考えられる。小倉一哉は、労働力調査は「事業所が回答する『毎月勤労統計調査』とは異なり、調査回答

フルタイム労働者の労働時間の国際比較

		2001	2006	2011
日本	男性	50.9	52.5	53.1
	女性	42.9	44.9	44.1
アメリカ	男性	43.0	42.9	42.5
	女性	40.3	40.3	40.2
イギリス	男性	45.1	43.8	43.6
	女性	40.2	39.6	39.6
ドイツ	男性	40.3	40.6	40.9
	女性	38.6	38.5	38.6
フランス	男性	39.1	40.1	40.3
	女性	37.4	37.7	38.2

出所：『社会生活基本調査』,
OECD：Average Usual Weekly Hours, 2012

者本人が『就業時間』を回答しているため、いわゆるサービス残業の時間も含まれると考えられる」と言う（小倉二〇一三、一三〇頁）。

さらに問題は、正規労働者の長時間労働である。森岡孝二は、過去三回の『社会生活基本調査』から、表のとおり日本における「正規の職員・従業員」の週当たりの労働時間を示した。あわせてOECDの労働時間統計から、他の主要先進国のフルタイム労働者の労働時間をあげている。これによれば週当たりで日本の男性は米英より約一〇（年約五〇〇）時間、独仏より約一二（年約六〇〇）時間長く働いている。

森岡は、同調査二〇一一年の週五三・一時間という男性正規労働者の労働時間（年間ベースでは約二七六一時間）は、『労働力調査』における一九五〇年代半ばの労働時間とほとんど変わらないと言う（森岡二〇一六、五六頁）。

どこが労働時間短縮なのか。国際的にみてもいびつな日本の長時間労働は、戦後から今日まで少しも変わることなく続いてきたということである。

日本の大企業は、サービス残業という名の、あたかも労働者が自主的にサービスするかのような装いをこらした不払い残業の常態化によって、割増賃金の支払いを怠ってきた。成果主義の導入で「自発的な働きすぎ」がどれだけ広がろうとも、残業料を支払わない限りは、彼らが長時間労働を問題視することはなかったのである。もともと労働時間の短縮が目的でもなんでもなく、あくまでも「効率化」という利益偏重の「生産性向上」が唯一のメルクマールであったからである。

5　労働時間短縮の意義

ここで、労働時間短縮の意義について考えてみよう。マルクスの労働時間論からは、労働者への熱い思いと人間発達・人権への深い洞察を読み取ることができる。

次の文章は、八時間労働法を国際労働運動の要求として掲げた、一八六六年の第一インターナショナル・ジュネーブ大会でマルクスの書いた決議案である（以下、訳の一部を〈　〉で修正している）。

「労働日〈労働時間〉の制限は、それなしには、いっそうすすんだ改善や解放の試みがすべて失敗に終わらざるをえない先決条件である。それは、労働者階級、すなわち各国民中の多数者の健康と体力を回復するためにも、またこの労働者階級に、知的発達をとげ、社交や社会的・政治的活動にたずさわる可能性を保障するためにも、ぜひとも必要である。われわれは労働日〈一日の労働時間〉の法定の限度として八時間労働を提案する」（『マルクス・エンゲルス全集』第一六巻、大月書店、一九一頁）

ここでは、労働時間短縮が何ものにもまさる「先決条件」だとしている。しかもそれは、労働者の健康と体力の回復にとどまらず、「知的発達をとげ、社交や社会的・政治的活動にたずさわる可能性を保障するためにも、ぜひとも必要である」と強調したのである。ここに労働時間短縮を求める運動の壮大なロマンを見てとることができる。

またマルクスは、イギリスで勝ち取った工場法を「大憲章」（マグナ・カルタ）にたとえている。「『譲ることのできない人権』のはでな目録に代わって、法律によって制限された労働日〈労働時間〉というつつましい〝大憲章〟が登場する。それは『労働者が販売する時間がいつ終わり、彼ら自身のものとなる時間がいつ始まるかをついに明瞭にする』。なんとひどく〈大きく〉変わったことか！」（『資本論』Ⅰ 三二〇）。

「大憲章」（マグナ・カルタ）とは、一二一五年にイギリスの貴族たちが王の専制的権力を制限した歴史的文書である。イギリスではこれが近代の「人権宣言」の源流となり、「立憲主義」の基礎となった。マルクスは、工場法を「マグナ・カルタ」にたとえることによって、それが労働者の人権の確立の出発点となることを述べているのである（牧野二〇一八、二〇三頁）。

マルクスの労働時間論では、『賃金、価格および利潤』に有名な次の一節がある。

「時間は人間の発達の場である。思うままに処分〈使用〉できる自由な時間をもたない人間、睡眠や食事などによるたんなる生理的な中断をのぞけば、その全生涯〈全生活時間〉を資本家のために労働によって奪われる人間は、牛馬にもおとるものである〈馬よりも劣悪な状態である〉」(『賃労働と資本　賃金、価格および利潤』新日本出版社、一七〇～一七一頁)

「時間は人間の発達の場」。この言葉は、労働時間短縮の意義を端的に表したものだと言えよう。

なお、「牛馬にもおとる」の原文を直訳すれば「運搬用役畜よりも劣悪である」となる。運搬用役畜の代表は馬であるから「馬よりも劣悪な状態である」でも良いであろう。『資本論』第八章には「馬は日々八時間だけしか働けない」(I 二四七)というくだりがある。八時間を超える労働を強いられ、自由な時間をもたない人間は、その馬よりも劣悪な状態だとマルクスは言いたかったのであろう。

マルクスは、このように「自由時間」を人間の全面的発達に不可欠なものと考えたのである。

次に、資本が欲してやまない「生産性向上」について触れておこう。資本家たちは、一八三三年の工場法制定以来、さまざまな抵抗を行う。児童年齢を一三歳から一二歳に引き下げ、思う存分働かせようとする。リレー制度と称して二組の児童を継ぎ替えることによって深夜労働を可能とする、等々である。『資本論』では、「この法がはじめは部分的に、次いで全面的に工場労働を規制した一〇年の間、工場監督官たちの公式報告書は、法の実施不可能にかんする苦情で満ちあふれている」(I 二九七)と述べている。

しかしやっと一八五〇年に四八年法の抜け穴をふさいだ追加新工場法が成立し、さらに一八六四年にはほぼ全産業に一〇時間労働法が適用されることとなる。するとなにが起こったのか。

「一八五三―一八六〇年の大工業諸部門の驚くべき発展は、工場労働者の肉体的および精神的再生と手をたずさえながら、どんな弱視の目にも映った。労働日〈労働時間〉の法律による制限と規制とを、半世紀にわたる内乱によって一歩一歩奪い取られた当の工場主たち自身が、(法律の規制を受ける工場と)まだ『自由』である搾取領域との対照を自慢げに引き合いに出したほどである。『経済学』のパリサイ人(偽善的独善者)たちは、法律による労働日〈労働時間〉の規制の必然性にたいする洞察こそ彼らの『科学』の特徴的な新発見であると宣言した」(I 三一三)

労働時間が一〇時間に規制され始めると「大工業諸部門の驚くべき発展」が起こり、あれだけ工場法に反対してきた工場主やエセ経済学者が、手のひらを返したように絶賛するようになったというのである。労働時間短縮が、技術革新による生産性向上をもたらしたということになる。

ここには資本主義的大工業の大きな矛盾が明らかにされている。資本家は利潤追求のために労働時間の無制限の延長を要求する。『資本論』では、資本は「剰余労働を求めるその無制限な盲目的衝動、その人狼的渇望のなかで、労働日〈労働時間〉の精神的な最大限度のみではなく、その純粋に肉体的な最大限度をも突破して」（I 二八〇）いくと記されている。資本は、身体の成長、発達、および健康維持のための時間をも強奪するということである。

しかし、過労死に至るまでの長時間労働を続けさせ、労働者を使い捨てにすればどうなるのか。大工業にふさわしい労働力を確保することが困難となっていく。資本は「一つの社会的な細部機能の単なる担い手にすぎない部分的個人の代わりに、さまざまな社会的機能をかわるがわる行うような活動様式をもった、全体的に発達した個人をもってくることを、死活の問題とする」（I 五一二）のである。

労働時間規制による労働力の保全と、多面的な能力をもった労働力の養成は、資本にとっても「死活の問題」だということであろう。しかし、現実に資本が求めるのは利潤追求のためにのみ役立つ「有能」な労働力の育成であって、人間の全面的な発達そのものが目的ではない。

そして、その状況は二一世紀の今日に至るもなお変わっていない。ある大手損保会社で、大阪損保革新懇の会員が二〇代前半の女性労働者に、憲法九条「改正」反対の署名を呼びかけた時の会話を紹介しよう。

「すごいですね。どうしてそんなことが考えられるのですか？　私は憲法のことなんて考えたこともありませんよ」

「でも新聞読んだりするでしょ？」

「新聞どころかテレビを見る暇もありませんよ。保険の約款や規定集を読んだり、仕事のことで頭がいっぱいです」

この女性は有名大学を卒業した優秀な社員であるが、会社が求める膨大な仕事量をこなすためには、長時間労働で私生活を犠牲にするのもやむをえないと考えている。署名を呼びかけた革新懇会員は、いくら目先の仕事がこなせたとしても、世の中のことに関心を持てない、あるいは持てなくさせられている社員の存在が、はたして会社のプラスになるのだろうかと心配になったそうである。

このように、長時間労働によって人間の全面的な発達が阻害されている事態は、多くの大企業に生じているのではないだろうか。そうであれば、「さまざまな社会的機能」を担いうる労働者の育成は困難と言わざるをえない。日本経済長期停滞の要因の一つが、実はここにあるのではないだろうか。

6 国際基準の労働ルール確立を

長時間労働をなくし、過労死の根を断つためには、まず、名だたる大企業の実態把握が必要である。労働時間や時間管理制度に関して、労災等の裁判から個別事例が浮かび上がることはあっても、企業や産業レベルにおけるその実態が実証的に示されることはほとんどない。その結果、その事実の確認に基づいて原因、対策を講じることを困難とさせているからである。

厚労省は二〇一五年五月、社員に違法な長時間労働をさせた企業を、書類送検前であっても公表できる制度を導入した。しかし、実際の社名公表は、導入後一年半でわずか一件にとどまったという（『朝日新聞』二〇一八年七月一六日）。過労死が発生したり、違法な制度や労働実態が明らかになったりした場合はすみやかに公表する仕組みへの改善が必要であろう。残念ながら、今の大企業に自浄能力があるとは思えないからである。

このように、「まともな働き方」（ディーセントワーク）が実現できるルールの確立が急務である。労働時間の規制緩和ではなく、現在の異常な長時間労働・賃金不払い労働を是正する厳しい規制こそが必要だということである。

ドイツで三〇年間生活し、経済、政治、文化について研究を行ってきたジャーナリストの熊谷徹は、次のように労働時間規制の必要性を強調する。

「二〇一一年の日本では、就業者一人あたりの一年間の平均労働時間は一七四五時間だった。これに対しドイツは一三九三時間で、約二〇％も短い。……これに加えて、日本ではサービス残業が多いことも忘れてはならない。……サービス残業や、家への持ち帰り仕事はＯＥＣＤの統計では把握されていない。そのため、日本の実際の労働時間は、ＯＥＣＤが出した数字よりもさらに長くなると思われる」「なぜドイツの労働時間は短いのだろうか。その最大の理由は、政府が法律によって労働時間を厳しく規制し、違反がないかどうかについて監視して

いることだ」（熊谷二〇一五、七一～七二頁）

熊谷によると、ドイツの企業で働く社員の労働時間は、一九九四年に施行された「労働時間法」によって規制されており、平日一日あたりの労働時間は八時間を超えてはならない。一日あたりの最長労働時間は、一〇時間まで延長することができるが、その場合にも六カ月間の一日あたりの平均労働時間は八時間を超えてはならない。さらにドイツでは、労働安全局（日本の労働基準監督署に相当する）が立ち入り検査を行って、企業が労働時間法に違反していないかどうか厳しくチェックを行っているという。違反が発覚すると経営者は罰金を課せられ、企業イメージに深い傷がつくことになる。

熊谷は、「いわゆるブラック企業や過労死、過労自殺の放置は、G７（主要国首脳会議）に参加する法治国家の名折れである。そのためにも、労働基準監督署の権限を強化し、ブラック企業に対する摘発を厳しくするべきだ」（同上、一七〇頁）と指摘している。

これらの方策に対して財界・大企業はおそらくこう言うであろう。「国際競争に勝つためにはひたすら効率化を図らなければならない。長時間労働や非正規雇用の存在もやむをえない」と。しかし本当にそうであろうか。日本の一人当たりGDPは前述のとおり二六位（二〇一八年、名目GDP、USドル換算）である。一方、北欧四国は一人当たりGDPが日本より上位であるが、これらの国に長時間労働はない。企業の労働生産性を考える場合、資本装備率や技術革新などの指標も無視できないが、まずは何よりも長時間労働を是正することが先決だと言えるのではないだろうか。

日本の労働慣行は、「高度プロフェッショナル制度」の導入によって、初めて労働時間規制を取り払うという点で大きな転換点を迎えた。過労死ラインを超える「上限規制」という「労働時間の直接規制」緩和と合わせ、「高度プロフェッショナル制度」は「労働時間の間接規制」緩和につながるものである。

「労働時間の間接規制」緩和の問題で言えば、大手損保会社には、共通して「みなし労働時間制」が導入されており、長時間労働とサービス残業の隠れ蓑となっている。「みなし労働時間制」とは、実際の労働時間にかかわりなく、あらかじめ労使で決めた「所定の労働時間」を労働したものとみなす制度で、「企画業務型裁量労働制」、「専門業務型裁量労働制」、および「事業場外労働制」がこれにあたる。そのうち大手損保で導入されているのは、「企画業務型裁量労働制」と「事業場外労働制」であるが、いずれもまっとうな制度とは言えない。時間管理の労働者については、「働き方改革」による効率化で残業料を削減する。相対的に高賃金の「みなし労働時間制」適用者には、定額のみなし労働時間手当てで好きなだけ働いてもらおうという図式である。

しかし、それでは社員のロイヤリティもモチベーションも高まらず、生産性は低下する一方になりかねない。高橋伸夫が言うように、「その会社にいて、自分の一〇年後の未来の姿にある程度の期待ももてないような人が、その会社の一〇年先のことを考えて仕事をするわけがない」（高橋二〇〇四、五一～五二頁）のである。

財界・大企業がこれほど「グローバリズム」を唱えるのであれば、そろそろ日本の働き方も国際基準にすべきであろう。

おわりに

労働現場では、労働者はみんなよい仕事がしたいと思っている。損保業界で言えば東日本大震災がまさにそうであった。当時、多くの損保会社・社員が、求められる社会的使命をはたそうと、二週間から三週間単位の泊まり込み体制で、地震保険の調査・支払いにあたった。大阪から行った若手社員は、最初、一面がれきの被災地のあまりの惨状に声もなかった。しかしやがて、ご家族が亡くなられて全損になった建物の写真を撮影するときには、合掌と黙とうをしてから撮影を始めるようになったという。また、仙台の現地対策本部で損保の仕事を見てきた東北大学などの学生アルバイトが、損保で働きたい、損保会社を受験したいと言い始めたという（松浦二〇一四、一七七頁）。

前述のとおり、近年日本列島は大災害に見舞われている。二〇一九年度も風水災の支払い保険金は一兆円を超えた。保険の加入者だけとはいえ、これだけの保険金が短期間で被災者の手元に届くことの意味はきわめて大きい。しかし、この間の大災害を通じて、損保業界がかかえている問題もまた浮き彫りになっている。最大の問題は、人員削減によって損保労働者がぎりぎりの人員で無理を重ねてきたことである。災害に備える産業が災害で機能不全に陥ったとしたら論外であるが、現実はそうなってしまっている。〝想定外〟という便利な言葉を体制不備の免罪符にしてはならない。

この仕事に誇りを感じている若者が本当に未来に希望を

もてる、そんな企業・産業にすることが求められている。そのためには、若者を疲弊させ苦悩させる、長時間労働の解消こそが急務である。それではじめて、真の「生産性向上」が実現するであろう。

引用・参考文献

小倉一哉（二〇一三）『「正社員」の研究』日本経済新聞社。

熊谷徹（二〇一五）『ドイツ人はなぜ、一年に一五〇日休んでも仕事が回るのか』青春出版社。

高橋伸夫（二〇〇四）『虚妄の成果主義』日経ＢＰ社。

日本経団連（二〇〇五）「ホワイトカラーエグゼンプションに関する提言」。

日本経団連（二〇一七）『経営労働政策特別委員会報告』経団連出版。

働き方改革実現会議（二〇一七）「働き方改革実行計画」。

牧野広義（二〇一八）『マルクスの哲学思想』文理閣。

松浦章（二〇一四）『日本の損害保険産業　ＣＳＲと労働を中心に』桜井書店。

松浦章（二〇一八）「『働き方改革』の本質と労働基準法『改正』の危険性」（『季論二一』二〇一八冬号）本の泉社。

松浦章（二〇一九）「森岡孝二の描いた未来—時間は人間発達の場」（『季論二一』二〇一九冬号）本の泉社。

松浦章（二〇一九）「経済をも疲弊させるホワイトカラーの長時間労働」（菊本義治ほか『日本経済の長期停滞をどう視るか』）桜井書店。

森岡孝二（二〇一六）「労働時間の決定における労使自治と法的規制」（『日本労働研究雑誌』No.六七七、一二月号、労働政策研究・研修機構。

森岡孝二（二〇一九）『雇用身分社会の出現と労働時間』桜井書店。

八代尚宏（一九九九）『雇用改革の時代』中公新書。

労働政策審議会（二〇一五）「今後の労働時間法制等の在り方について」。

労働政策審議会（二〇一七）「時間外労働の上限規制等について」。

労働政策審議会（二〇一七）「働き方改革を推進するための関係法律の整備に関する法律案要綱」。

＊本稿は、関西唯物論研究会二〇一九年一二月例会において、拙論「経済をも疲弊させるホワイトカラーの長時間労働」（菊本義治ほか『日本経済の長期停滞をどう視るか』二〇一九年、桜井書店）を基に行った報告を加筆修正したものである。

（まつうら　あきら・兵庫県立大学客員研究員）

論　文

左派ポピュリズムと新しい政党政治

――抵抗に向けて集合すること――

塩田　潤

Ⅰ．ポピュリズムの常態化

「ポピュリズム」は間違いなく、現代の政治を象徴する用語のひとつとなった。歴史を振り返ればポピュリズムは世界中に散見され、その都度研究対象として取り上げられてきた。しかし、現代の政治情況を語る際に必ずと言ってよいほどポピュリズムが用いられるようになった理由は、とりわけ先進民主主義諸国において、そうした政治現象が一過性の例外状態としてではなく、もはや常態化しているからにほかならない。大阪で橋下徹が先導する大阪維新が台頭した時、イギリスでブレクジット賛成派が勝利した時、アメリカでトランプ大統領が誕生した時、毎度のように「まさか…」という声が聞こえてくる。しかし、今日、その「まさか」がもはや「まさか」にならない世界に私たちは住んでいる。ポピュリズムが日常と化した今、それを「大衆迎合主義」や「愚衆政治」などと切って捨てるだけでは何も解決しない。ポピュリズムの帰結をどのように評価しようとも、既存政治への失望や諦め、あるいは憤りを持つ人々を政治の舞台へ引き戻す力動がそこにあることは認めざるをえないだろう。

さて、ポピュリズムへの侮蔑的なまなざしに真っ向から対立し、その民主主義的側面を夙に指摘してきたのが、政治理論家のシャンタル・ムフとエルネスト・ラクラウである。彼女らは、多様な諸個人や諸運動の間に政治的紐帯を構築する「政治的技法」としてポピュリズムを捉えなおした。さらにムフは近年、より実践的に左派のポピュリズムを「戦略」として論じている（Mouffe, 2018=2019）。

現実政治においては、二〇一五年前後より左派ポピュリズム勢力が台頭を見せた。たとえば、スペインの新政党ポデモスやギリシャの急進左派連合シリザ、英国のコービン労働党、二〇一六年の米大統領選におけるバーニー・サンダースなど、左派ポピュリズム戦略を履行する政治アクターはたしかに政治の風景を変えた。しかし、トランプ大統領やヨーロッパの極右勢力などの右派ポピュリズムが依然として趨勢を保つ一方で、左派ポピュリズムは近年そのモメンタムを失いつつあることは事実であろう。

こうした情況を前提に、本稿では次の二点について考察する。ひとつは、この間の新自由主義的統治がどのようにして今日のポピュリズムの常態化を準備したのかである。これはポピュリズムの常態化を可能にしている歴史的、構造的基盤を検討し、ポピュリズムを同時代的に捉えなおすことでもある。一九六〇年代より始まる資本蓄積危機は七〇年代の二度の石油危機を経てピークに達し、戦後の福祉国家路線に代わる新しい統治形態として新自由主義が台頭した。それが国家による下から上への富の再分配を実現し、経済的な不平等を拡大させたことは言うまでもない。同時に、新自由主義は統治理性としてあらゆる領域を「経済化」させることで人々を分断し、また経済的権力と政治的権力の結合を促すことで、代表制民主主義を機能不全に陥らせてもきた。本稿では、こうした新自由主義的統治・秩序が生み出した経済的不安定性と不確定性の増大、社会の個人化、そして政治的閉塞感の高まりを今日のポピュリズムの常態化の基盤として検討する。

もうひとつは、このポピュリズムの常態化という現状において左派ポピュリズムとその諸経験が持つ意義を再検討することである。本稿がとりわけ、左派のポピュリズムに着目するのは、それが今日の欧米政治における重要な変化の一端を象徴しているからである。右派ポピュリズムは二〇世紀後半の欧州政治においてすでにその台頭が指摘されており、近年始まった新たな政治現象とは言い難い。一方で、現代における左派政治のポピュリズム的転回は南米諸国では以前から見られたものの、欧米諸国では新しい現象といえる（鈴木, 2019）。したがって、左派ポピュリズムへの着目は新自由主義的統治の後に現れた新しい政治の検討を可能にする。同時に、それはこの間の左派政治の発展を考察することにもなるだろう。

本稿の考察はたしかに、ポピュリズムを中心とするものである。しかし、それはポピュリズムそのものを検討することを意味しない。本稿の目的とは、ポピュリズムというレンズを通して現代の政治社会構造および政治的闘争の形態を考察し、新しい政治に向けた可能性を見出すことである。

Ⅱ．新自由主義とポピュリズム

後期近代における「不審者」

今日的ポピュリズムを考えるにあたっては、後期近代における個人の在り方に目を向ける必要があるだろう。かつてジョック・ヤング（2007=2008）が「後期近代の眩暈」と述べた諸個人の抱える「不安感と不快感」は、今日、ポピュリズムという形で政治的な昇華を遂げている。

後期近代において、雇用の流動化と生産の外注化、新しい階級構造、個人主義の拡大などによって、完全雇用とそれに支えられた家族やコミュニティの在り方は成立しなくなった。こうした変化は個人のアイデンティティ情況にも多大な影響を与える。フォーディズム期に確立していた伝統や集団・組織の解体によって、諸個人はアイデンティティの拠り所を失い、常に自己の問い直しを迫られるようになったからである。山本圭は、ベック、ギデンズ、バウマンなどを引用しながらこうした後期近代的な主体をポピュリズムに動員されうる「来たるべき政治的主体」として位置付ける。

…「われわれ」と「かれら」の境界はもはや自明なものではありえず、そこではアイデンティティの恒常的な不安定さが経験されているのである。…私たちはいまや誰しも不安な主体なのである。これこそ、アイデンティティの欠如をかかえた身元がはっきりしない形象であり、私たちが「不審者」と呼びたい来たるべき政治的主体にほかならない（山本, 2016: 207-208）。

しかしながら、こうした「不審者」を生み出してきた後期近代の社会変容を単なる自然の成り行きとして帰着させることはできない。言うまでもなく、後期近代の社会変容は新自由主義的統治・秩序と密接に絡み合っている。

剥き出しの「個」が抱える不安

新自由主義的資本主義において、金融は資本による労働者管理の効果的手法である。それは柔軟で自律性が高く、ゆえに不安定なポストフォーディズム的労働様式を維持しつつ、「首尾よくそこから富を引き出すのである」（Hardt & Negri, 2009=2012: 286-289=136-140）。

より政治的に言えば、金融化とは「負債の製造、つまり債権者／債務者の権力関係の構築と発展」であり、マウリツィオ・ラッツァラート（2012: 40-41）はこれを「新自由主義政策の戦略的核心」とし、新自由主義は「最初から負債の論理を中心にして構築された」と指摘する。

実際に、一九七〇年代の各国における財政危機を経て、国家が担っていた福祉国家的諸制度は民営化され、金融・負債を通して個人化されてきた。それは今日、社会保障、住宅、教育、保健衛生といった「生存権」の領域にまで及んでいる。私たちの生活は、グローバルに張りめぐらされた金融ネットワークからもはや逃れることはできない。預金、年金基金、各種保険金から住宅ローン、学生ローン、クレジットカード決済に至るまで様々な形態で、労働者は労働の対価として得た賃金を金融市場へ流し込まざるを得ないのだ。

そうした新自由主義下における金融経済の不安定性と残虐性は、二〇〇八年に起こった世界金融危機とその後に銀行への公的資金投入と引き換えに行われた緊縮政策を見れば明らかであろう。それはまさに「債権者／債務者の権力関係」を浮き彫りにするものであった。こうした権力関係の下で、富める者はより裕福に、貧しいものはより貧困に、という新自由主義時代の物語は出来上がっている。もちろん、これは実存的なものである。それを確認するための事例や数字は無数にあるが、ここではさしあたり、世界の上位八人の資産が下位の三六億人に匹敵するという国際NGO「オックスファム」による衝撃的な報告書を示しておこう（Oxfam International, 2017）。

さらなる問題は、新自由主義の権力が人々の内面にまで及び、貧困や格差を正当化する論理を個人の中に生み出してしまうことにある。先のラッツァラートは、負債が人々にある種の「道徳性」を付与すると述べる。すなわち、それは「労働のイデオロギーの「努力＝報酬」という対偶に、〝約束〟（負債を支払うという）と〝責任〟（契約をしたという）のモラルが重なる（ラッツァラート, 2012: 46）」ものである[1]。しかし、今日において――それこそ金融産業に象徴されるように――この「労働イデオロギー」はもはや成立しないし、「〝約束〟」を履行し「〝責任〟」を果たしたとして、それは満ち足りた生活のためではなく、生存権を確保するためのものなのである。

ジュディス・バトラーは負債という概念を用いているわけではないが、こうした新自由主義の「道徳性」の中で人々が負う自己責任の過酷さについて言及している。その責任とは「何よりもまず、自己充足が構造的に損なわれた諸条件の中で経済的に自己充足していくことへの責任である（Butler, 2015=2018: 25=36）」。ラッツァラートやバトラーが指摘するのは、一方で生存権を脅かされながら、他方でその責任を自分自身に帰せられるという人々の置かれた凄まじい生存情況である。

ウェンディ・ブラウン（2017）もまた、このような新自由主義の統治理性としての側面を強調する。彼女によれば、新自由主義はあらゆる領域を「経済化」する。そこでは諸個人が「人的資本」となり、一人ひとりが企業家として絶え間のない自己投資の努力を強いられ、あるいは自らそれをすすんで行い、互いに競争する主体と化す。このように「経済化」した諸個人＝企業家＝債務者は常に返済を迫られているし、競争状態に置かれるために、相互不信は深まらざるを得ない。新自由主義的秩序における自己責任の論理は、今日もはやありふれたものとなってしまっている。相互に依存し、支え合う人間的なつながりは、こうして人々の内面から断ち切られてしまっているのだ。

国民国家、労働組合、地域コミュニティ、あるいは家族などが強固であった時代には、よかれあしかれ、諸個人は集合的な力の下にあった。しかし、新自由主義的グローバリゼーションの亢進に伴ってそうした伝統的な集団・組織はある時は暴力的に解体され、ある時は解放的に衰退してきた。「共に、孤独《アローン・トゥギャザー》」（Guest, 2016=2019）こそ、いまや社会のデフォルトなのではないだろうか。そして、生のリスクに曝され、競争の中で生きることを強いられる剝き出しの「個」こそ、ポピュリズムのエネルギー供給源となる。それではこうした不安定な個人は、具体的にどのようにポピュリズムに動員されるのであろうか。

ポピュリズムと相対的剝奪感

相対的剝奪感は、剝き出しの個人とポピュリズムをつなぐ鍵となる。自らが不安定で不確実な生を生きなければならない一方で、世の中を見渡せば不当に報酬を受け取っているように見える人々も存在する。そうしたある種の嫉妬や憤りは時に、タックス・ヘイヴンを使って脱法的に租税回避を行うような富裕層に向けられることもある一方で、移民や難民、あるいは生活保護を受給しているような最下層のアンダークラスに向けられることもある。

イギリス、ロンドン郊外の街とアメリカの所謂、ラストベルト地域の街を調査したジャスティン・ゲスト（2016=2019）によれば、両地域には当然多くの社会経済的、政治的、文化的差異があるものの、多くの白人労働者階級がこれまで自分たちのような人間が国家を支えてきたにもかかわらず、いまやその地位は低下していると感じている。そして、彼・彼女らの相対的剥奪感は既存秩序に挑戦する急進的なアウトサイダー──たとえば、イギリス独立党やドナルド・トランプ──への支持につながっているという。

相対的剥奪感とポピュリズムの関係性は、大阪維新の会の分析においても示唆されている。富田（2018）は、下方向に向けた相対的剥奪感を有する維新支持層がとりわけ大阪で出現した理由を、大阪において「小泉構造改革以降拡大しつづけてきた貧困と格差のコントラスト」に求めている。大阪は、高層マンションと木造長屋の文化住宅が混在するなど、貧富のコントラストが比較的明白な街といえる。前者に住めるような「大企業の中堅サラリーマン層」からすれば、自分は日々、競争に追われているのに、隣を見れば何もせず「不当に」生活保護を受給しているように見える人々がいるのだ。富田は、彼・彼女らに芽生えた相対的剥奪感に訴えかけることで大阪維新の会は圧倒的な支持を得たと分析する。(2)

グローバル化と情報通信技術の発達とともに、ポストフォーディズム体制は工業や農業といった物質的生産を労働力の安い海外に移転するか、国内では機械化してきた。その一方、情報や情動、イメージ、コミュニケーションといった非物質的生産にかかわる労働がますます中心的役割を果たすようになっている。ゲストが描いたのは前者の労働に従事し、いまや「取り残された」人々の相対的剥奪感である。他方で、富田は後者のような労働従事者が持つ相対的剥奪感に維新の会の台頭を見る。

もちろん、この相対的剥奪感は社会正義への要求へと接続される可能性もある。米国、ウォール街発の広場占拠運動（Occupy Wall Street）から生まれ、サンダース陣営なども使用していた「1％対99％」や、イギリスの学費値下げ運動で掲げられた「Free Education, Tax the Rich（教育を無償化しろ、富裕者に課税しろ）」といったスローガンはそれを象徴するものであろう。

以上のように、ポピュリズムの根底には新自由主義的資本主義社会の中で孤立する、個人の不安感と相対的剥奪感がある。ただし、ポピュリズムは直接的にはこれらの不安や憤りに対して既存政治が応答できていないこと、つまり政治的な表現のための回路を奪われているために募る政治的閉塞感に端を発している。ポピュリズム論ではすでにおなじみの議論ではあるが、この点について改めて確認しておきたい。

代表制民主主義の機能不全
――ポスト・デモクラシー情況――

先進民主主義諸国におけるこの政治的閉塞感は、政治機関への信頼の低さに明確に現われている。ユーロバロメーター（2019）によれば、二〇一五年にEU加盟国の市民のうち自国政府を信頼していると答えたのはわずか二五％、また自国の議会への信頼は二三％で、どちらも過去最低を記録した[3]。米国ではトランプ大統領就任以降、さらに政府への信頼が低下し、二〇一九年時点でわずか一七％と過去最低である[4]。

コリン・クラウチ（2004=2007）は、選挙や政党など民主主義的諸制度はあるものの、それらが市場の力によって機能していない先進民主主義諸国の現状を「ポスト・デモクラシー」という用語で表現した。彼が示唆したのは、経済的権力と政治的権力の現代的な結合によって「人民」の「主権」が失われつつある情況にほかならない。

この点について、ジェフリー・ウィンターズとベンジャミン・ペイジ（2009）は、いまや米国政治はロビー活動や選挙介入、世論形成などを通してごく少数の経済的超富裕層が政治を支配する「少数者支配（oligarchy）」となっていると指摘する。ギレンズ（2012）もまた、米国において政策形成の際に影響力を持っているのは所得上位一〇％のみであり、その他の人々はほとんど政治的影響力を持っていないと述べ、こうした情況を「金権政治（plutocracy）」と呼んだ。これらは新自由主義が単なる自由放任主義などではなく、政治経済的権力者の富の蓄積に有利になるように競争環境を整備する、環境介入権力（佐藤, 2009）としての力を遺憾なく発揮している証左であろう。

さらにいえば、世界金融危機後、こうした政治機関への信頼の低下に拍車がかかっていることからしても（Hernández & Kriesi, 2016; Armingeon & Guthman, 2014）、新自由主義は直接的、間接的に代表制民主主義を毀損しているといえる。

新自由主義的統治・秩序のなかで人々は圧倒的な生のリスクに曝されている。それにもかかわらず、新自由主義的理性を内面化した人々は、いまやばらばらに分節化され、連帯することもままならず、得たいの知れない不安と剥奪感を抱え続けるほかない。さらに、既存政治はこうした人々に対する政治的回路となり得ていない。ポピュリズムの常態化がこうした情況を背景に成立しているとすれば、ポピュリズムを殊更に持ち上げたり、あるいは今すぐ手を切れとするような善悪論は問題を矮小化しているに過ぎない。ポピュリズムの常態化から読み取るべきは、新自由主義的統治・秩序の中で孤立化と不安定化に苛まれる諸個人の存在であり、また彼女・彼らの集合性（collectivity）への希求ではないだろうか。この点をふまえて、次章では左派ポピュリズムの可能性とその問題点について検討する。

Ⅲ．左派ポピュリズムの可能性と諸問題

左派ポピュリズムとはなにか

左派ポピュリズムを一般的に定義するなら、自由、平等、社会正義といった左派の伝統とエリートに対抗する「人民」というアピールを駆使して政治参加と代表性を拡張させるポピュリスト的手法との組み合わせとして理解されるだろう。右派ポピュリズムが移民・難民とナショナルな「人民」との間に対決線を引こうとする一方、左派ポピュリズムは政治経済的権力者たちに対抗する「人民」の構築を目指すものである。ただし、これまで述べてきた同時代的分析を踏まえるのであれば、そこには明確に新自由主義への対抗が見出されなければならない（Agustín, 2020）。

現代の先進民主主義諸国におけるポピュリズムが前提とするのは、これまで述べてきたような社会情況および諸個人の置かれた生存条件である。しかし、そうした新自由主義的資本主義の「焼け跡」（Brown, 2019）から生まれたのは、トランプをはじめとする人権弾圧をも厭わない偏狭な国家主義的白人至上主義者たちだけではない。むしろ、そうした右派ポピュリズムの萌芽は北欧をはじめとする欧州各国で一九九〇年代には見られていたし、イェルク・ハイダーに率いられたオーストリアの極右政党「オーストリア自由党」は二〇〇〇年に早くも連立政権入りまで果たしていた。その意味で、新自由主義に対する二一世紀の新しい応答とは右派ではなく、左派のポピュリズムであろう。コービンやサンダースなどの社会主義者、シリザのような旧共産主義政党を含む急進左派連合など、これまでは政治舞台の周縁に位置していた左派勢力や、ポデモスのような新たな政治アクターの台頭は既存の政党政治の風景を一変させた。

政党システムの観点から見れば、左派ポピュリズム勢力

台頭の契機のひとつは、戦後政治の中で一定の権力基盤を築いてきた中道左派勢力の瓦解にある。労働環境・条件の不安定化や労働組合の解体によって、存立のための環境条件が切り崩されたこと、生き残り戦略としての「第三の道」的新自由主義路線が結果的にポスト・デモクラシー状態を招いたことは中道左派勢力の著しい衰退を招いた。特に欧州では、金融危機後の緊縮政策の強行——それは明確に新自由主義的統治の一環として行われた——が当時、政権与党であった社会民主主義政党への信頼を崩壊させた。新自由主義一色となった既存の政党システムのなかで、反緊縮を掲げる左派ポピュリズム勢力が台頭する空白が生まれたのである。

一方、左派ポピュリズムを理解するためには制度の外にも目を向ける必要がある。世界金融危機以降、二〇〇九年のアイスランドにおける「鍋とフライパン革命」、二〇一一年に起こった「アラブの春」に連なって、スペインやギリシャのインディグナドス（怒れる者たち）の蜂起、米国広場占拠運動、フランスの「夜、起ち上がれ」など、各国で自由や民主主義、社会正義を求める抵抗運動が広がりを見せた。左派ポピュリズムは、その民主主義的要求や政治プログラム、そしてそれを担うアクターといった多くの点で、これらの抵抗運動と連続性があるのだ（塩田, 2019; 鈴木, 2019; Agustín, 2020; Agustín & Briziarelli, 2018; Gerbaudo, 2017）。オスカル・ガルシア・アウグスティン（2020）は、これらの抵抗運動が強調した民主主義的懸念——「制度的な政治腐敗への不満、透明性の欠如、「真の」民主主義の必要性」——を左派ポピュリズム勢力は共有していると指摘する。また実際に、ポデモスの元幹部であるイニゴ・エレホンは、ポデモスは決して15M運動[5]の政党化でもなければ、それを代表しているわけでもないとしつつ、それがなければポデモスが生まれる機会は開かなかったと述べている（Errejón & Mouffe, 2016: 74-75）。したがって左派ポピュリズムは、制度外の抵抗運動がつくり上げた「土壌」の上に成り立っているのであり（Mouffe, 2018=2019: 20=35）、その意味でボトムアップの要素を持つポピュリズムと言えるだろう（塩田, 2019: 16-17）。

左派ポピュリズムの諸問題

左派ポピュリズムは、しかし、今日すでに苦境に立たされている。たとえば、シリザ政権の行き詰まり、コービン労働党の敗北、ポデモスの党内における中央集権化など、お世辞にも上手くいっているとは言い難い。

すでに多くの論者が指摘しているように、この間の左派ポピュリズムは現行の自由民主主義体制に代わる左派のプロジェクトを明確に掲げられていなかった。右派ポピュリズムは、移民や難民、弱者を排除し、「純然な」ユートピアを再興すると唱えることで、「想像可能な物語」を提供する。これに対し、左派ポピュリズムはそうした大きな、しかし「想像可能な物語」を示し切れていない（中島 2016: 160）。ムフ（2018=2019）は、まず自由民主主義を回復することが左派ポピュリズムのひとつの目標であると述べるが、それだけでは不十分であることは否めない。山本（2020: 242）の言葉を借りれば、「左派は現在の苦境に代わる新しい政治的イマジナリーを真面目に提示できていない」。

そうした左派のプロジェクトを提示するためには、既存の政治経済的諸権力および諸条件についての相当に込み入った分析が必要となるだろう。左派ポピュリズムは、この点についても不十分であったと指摘されている（Agustín, 2020）。それはギリシャでのシリザ政権の経験に端的に示されている。シリザは金融危機後、国際的な圧力によってほとんど強制された緊縮財政への反対を掲げて政権を奪取した。しかし、トロイカ（欧州連合、欧州中央銀行、国際通貨基金）との交渉は難航し、最終的には緊縮財政を受け入れざるを得なかった。当事者として交渉の真っ只中にいたシリザ政権の元財務大臣、ヤニス・バルファキスが目にしたのは、「弱者を標的にし、臆面もなく支配階級を優遇する、剥き出しの階級闘争としか表現しようのないもの」であった（Varoufakis, 2017=2019: 468=506）。左派ポピュリズムはグローバル資本との対決を前面化させ、そこに人々を動員することはできたかもしれない。しかし、その後に展開された熾烈な「階級闘争」の過程については、ほぼ何も想定されていなかったと言ってよいだろう。

さらに言えば、ポピュリズムはその本性上、瞬間的なものである。そのため、右派にしろ、左派にしろ、ポピュリズムそのものは本稿で述べてきたような新自由主義的資本主義へのオルタナティブにはなりえない。ポピュリズムは、それのみで政治プロジェクトを完結させるものではないのだ。しかし、だからといってポピュリズムの放棄を訴えるのは短絡に過ぎるだろう。

左派ポピュリズムは、すべての政治的問題のための特効薬として理解されるべきではない。それは二一世紀の左派にとっての鎮痛薬ではないのだ。…左派ポピュリズムは、「解決策」としてではなく、二一世紀の効果的な左派戦略の展開に必要なものとして見られるべきである(Gerbaudo, 2016)。

必要なのは左派ポピュリズムという方途を捨て去ることでも、それのみが唯一の解決策であるかのような視野狭窄に陥ることでもない。新自由主義によって切り崩されてきた人間と人間との社会的、政治的紐帯を紡ぎなおすことこそ本質的な課題なのであり、左派ポピュリズムとともに、私たちは持続的な政治変革の道筋を見出さなければならない。そのためには、左派政治の新しい局面として左派ポピュリズムを捉えなおし、その今日的意義を再検討する必要がある。

Ⅳ．次なる発展に向けて
――左派ポピュリズムの意義と経験――

「不安定性」と集合の契機

左派ポピュリズム勢力の失速は、その意義の喪失を意味しない。新自由主義的資本主義に抗する左派政治の今日的発展として左派ポピュリズムを見るならば、その発展の意義の検討なしには次なる発展は望めないだろう。

左派ポピュリズムという発展の重要性は、なによりも新自由主義的統治・秩序の中で孤立化する人々が、抵抗に向けて集合できるということを示した点にある。左派ポピュリズムは本稿で述べてきたような、現代の砂状化した個人の存在を認め、多様な従属形態に対する多様な抵抗の在り方を受け入れることで、変革の主体としての「労働者階級」を相対化する[6]。

雇用が流動化し、組合が解体され、不安定性と不確実性に苛まれる個人が分散している現代において、二〇世紀半ばまで主流であった固定的な労働環境や居住環境を前提とした労働組合や地域コミュニティ中心の闘争モデルはほとんど機能しえない。今日、人々が闘争を繰り広げるためには、「孤立化を克服し、家や職場から外にでて、見知らぬ群衆に合流するという余分な努力が必要」となっているのである（Dean, 2016: 18-19［傍点筆者］)。

しかしながら、彼女・彼らにはまったく何らの関係性もないかというと、そうではない。彼女・彼らが連帯する契機は、新自由主義的資本主義によって、不確実で、不安定な生を生きなければならないというその生存条件そのものに内在する。バトラーは、こうした生存条件を

「不安定性《プレカリティ》」[7]と表現しながら、その潜勢力について次のように述べる。すなわち、「保護されていないことは「剝き出しの生」になるということではなく、むしろ、具体的に可傷的で、壊れやすくさえあると同時に、潜在的かつ能動的に反抗的で、革命的でさえあるような、政治的曝されと潜在的闘争の具体的形式なのである（Butler, 2015=2018: 186=241）」。彼女の場合、「人民」を構築する政治戦略としてのポピュリズムを必ずしもよしとするわけではない[8]。しかし、「不安定性」はその可傷性が連帯への契機となることを示す限りで、左派ポピュリズムにとっても参照可能な概念であろう。

　そこで合意されているのは次のような点である。すなわち、「不安定」な彼女・彼らは「あちこちに存在している（Butler, 2015=2018: 26=37）」。その中には、客観的に見たところの中産階級もいれば、労働者階級もいる。あるいは、アンダークラスもいれば、高学歴ワーキングプアもいる。多種多様な従属形態がそこにはあるが、それらはすべて新自由主義的資本主義の生産関係の帰結であるところに彼女・彼らの連帯の契機がある。そして、この連帯の契機を活かすべく、左派ポピュリズムは階級ではなく「人民」という概念で人々の集合的意志をまとめあげ、分節化された諸個人の間に政治的紐帯を構築し、政治的主体化を目指す。

　したがってそれは単に、集票のために人々を動員する選挙戦略以上の意味を持つ。政治社会学者のパオロ・ジョルバウド（2016）によれば、「左派ポピュリズムの人民に向けた連帯的アピールは、したがって、今日社会的レベルで存在する極端な断片化を政治的レベルで克服する手段を提供する」。つまり、左派ポピュリズムは新自由主義的統治・秩序の中で分散化し、リスクに曝される諸個人が、その「不安定性」ゆえに、共通の課題の解決に向けて行動するための集合の契機を用意する。

新しい政党政治に向けて
――政党を社会的存在として捉えなおすこと

　しかし、本稿でも指摘したように、左派ポピュリズムが構築する政治的紐帯は瞬間的なものである。そうであれば、私たちは持続的な政治変革の拠点をどこに見出すことができるだろうか。現代民主主義が政党政治に基礎を置いている以上、この点にかんして政党の背負う役割と責任は大きいと言わざるを得ない。

　それにもかかわらず、政党が今日、その存在の根本的な問い直しを迫られているのは確かであろう（待鳥, 2018）。西欧諸国において、一九六〇年代には有権者のうち政党に属していた人の割合は一五％であった。しかし、一九八〇年代以降、低下傾向が始まり、二〇〇〇年代には各国で五％程度にまで減少した（van Biezen & Poguntke, 2014）。既存政党に対する有権者の不信にはそれなりの根拠がある。たとえば、リチャード・カッツとピーター・メアが提唱したカルテル政党論には一定の説得力がある。彼らによれば、衰退の危機に直面した政党が存続のために国家との相互浸透を深化させて政治的、経済的環境を整えようとする結果、大企業の国家からの撤退を防ぐために市場への忖度が働く。そのため、どの政党も同じような政策──大企業の経済活動を妨げない政策──を掲げるようになり、有権者にとって実質的には選択肢が提示されなくなってしまうのである（Katz & Mair, 1995; Blyth & Katz, 2005）。

こうした凋落をしてイタリアの政治学者、マウロ・カリーゼ（2012）は現代において指導者–支持者の垂直的かつ直接的な関係性を強調する「政治の人格化」が進み、集合的アイデンティティではなく「個別主義的な利益か、さもなくば情緒的な刺激」によって一時的に寄り集まる「パーソナル・パーティ」が台頭していると分析する。新自由主義的統治・秩序の中で人々が個人化しているのと同じく、政党もまた「パーソナル」なものとなり、その集合的な力を事実上喪失してしまっているのだ。

他方で、米国の政治学者ジョディ・ディーン（2016）はこのように「個」が強調される時代に、むしろそうであればこそ、政党の役割が見直されなくてはならないとする。彼女は、集合的意思の構築を通して人々の連帯を実現し、政治的な勢力として持続的な「階級闘争」を可能にするために、「共産主義政党」の必要性を強調する。しかし、それは過去にあった前衛的な組織ではない。彼女はウォール街の広場占拠運動などをはじめとするこの間の世界的な抗議運動の参加者を前提に、社会に現われる「群衆（crowd）」は既存の秩序を乱し、旧態依然とした政治を揺さぶる力を持つと述べる。その力は、時に政党組織や政党システムの伝統を破壊することさえあるかもしれない。しかし、ディーンはこの群衆のもつ破壊的かつ革新的な力動を受け入れる「隙間」を政党は持つべきであると述べる。それによって、批判的に自己を反省し（self-reflection）、持続的に新たな集合的意思の創出を可能とするような組織を彼女は構想しているのだ。

こうした構想は、この間の左派ポピュリズムの諸経験とかなりの部分で親和性を持っているように思われる。上述したような左派ポピュリズム勢力の制度外の抵抗運動とのつながりは、まさに群衆の力動を政治的な変革の力に変えるための「隙間をあけること」の実践であったと言えるだろう。これを持続的なものとしていくことこそ、左派政治の目下の課題のように思われる。そのために、政党は「隙間」を開け続けなければならないだろう。社会にある様々な従属形態に目を凝らし、そこから生まれてくる様々な抵抗運動の独立性を認め、そこから学び、常に自己を変革し続ける、動的な存在としての政党が求められているのである。

また、ディーンの構想や左派ポピュリズムの経験が示唆するのは、既存の政党政治（学）における合理主義モデルの見直しである。既存の政党政治の機能不全に際して、制度改革や党内改革に終始してきた従来の政党および政治学は、往々にして有権者を合理的な存在、ともすれば「票」という数字と見做してきた。しかし、有権者は人間であり、その時々の感情の揺れ動きや地縁・血縁、あるいはほとんど偶然的な人間関係から政治に参加したり、しなかったりする。常に細かい政治情勢を追い、選挙時には政策を吟味して、自分の利益にもっとも寄与する政党や候補者を選ぶというような想定は、ありうるひとつのモデルであって、それを絶対視すべきではないのだ（カリーゼ，2010: 167-179）。

従来の政党政治（学）に根強くある制度中心主義、集票マシーンとしての政党という見方ではなく、社会に開かれた一個の共同／協働の場として政党を捉えなおす必要性がある。もちろん、これは決して新しい見方ではないし、それどころか左派政党にとっては伝統的なものでさえある。ヨーロッパの左派政党（社会主義政党と共産主義政党）の歴史を研究したジェフ・エレイは次のように述べる。

> 社会主義政党と共産主義政党―左派政党―は、時に選挙に勝利して政府を形成することに成功したが、それ以上に重要なことは、彼らが市民社会を組織して、既存の民主的利益を守り、新たな利益を成長させることができる基盤としたことである。…これらの諸政党がなければ、民主主義は無意味なものであった（Eley, 2002: 10）。

政党はいま一度、そしてこれまでよりもさらに注意深く、制度の外側に広がる社会に目を向ける必要がある。そして、社会に分散している「声なき声」から「叫び声」までを集めて、政治的な声に結晶化させる努力をしなければならない。この点にかんして、情報通信技術の政治的活用は、今後、ますます重要となるだろう。

一方で、オフラインでの集合的諸実践もさらに活性化させる必要がある。たとえば、ポデモスが市民の集まるための空間を創設したことは注目に値する。そこは政治討論会などが開かれるのみならず、時にバーとなったり、あるいは映画鑑賞やコワーキングスペースのためにも利用されていた。先のエレイの指摘とも関連するが、こうした取り組みはかつてのスペインで共産主義政党が試みていた社会統合的実践に触発されたものであるという（Cervera-Marzal. 2020）。

もちろん、このような実践はポピュリズムのように派手ではない。しかし、ポデモスのような左派ポピュリスト政党のなかで、そこに参加していた活動家たちがこうした地道な努力を重ねてきたことも見落とすべきではない。ムフ（2018=2019: 76=102-103）は左派ポピュリズム戦略について、人々の「常識《コモンセンス》」にもとづかなければならないと指摘しつつ、「人々が日常生活のなかで直面している問題と共鳴するような呼びかけを行うためには、彼らがどこに暮らし、何を感じているのかということから出発する必要がある」と述べる。この指摘はおそらく、左派ポピュリズムに限ったものではない。新自由主義によってますます社会が断片化する今日において、政党は人々の生活に根差しながら、その困難を具体的に掴む努力を行わなければならないのだ。もちろん、それは同質的社会集団の存在が自明であった二十世紀よりもはるかに困難な作業かもしれない。しかし、それができなければ、人々はますます政治から遠ざかるか、あるいは権威主義的なカリスマに一時的に動員されてしまうだけだろう。そしてそれは、民主主義のさらなる空洞化と個人化する社会の放置状態を招くこととなる。政党を社会的存在として捉えなおすこと、それは左派ポピュリズムを引き継ぎながら、それとはまた異なる形で、新自由主義的統治・秩序の中で分断された人々が抵抗に向けて集合するための道筋となるはずだ。

注

（1）ラッツァラート（2012）はこうした負債の道徳性によって駆動させられる主体を「〈借金人間《ホモ・デビトル》〉」と呼ぶ。

（2）ゲスト（2016 ＝ 2019）をはじめ、他国の事例との類似性からしても富田（2018）の議論は説得力があるように思われるが、維新支持と大阪の特殊性についてはより詳細な実証研究が待たれる。

（3）近年は微増傾向にはあるが、それでもいまだ七〇％程度の人々は政府や議会に不信感を抱いているといえる。

（4）Pew Research Center [https://www.pewresearch.org/].

（5）二〇一一年五月一五日にスペイン全土五〇以上の都市において行われた大規模なデモから始まった反緊縮運動。多くの市民が街頭に繰り出し、各都市で広場を占拠しながら政府の緊縮政策や非民主主義的統治に抗議した。

（6）この点に関する理論的考察は、ラクラウ＝ムフの共著、*Hegemony and Socialist Strategy*. Verso. 1985.［＝山崎カヲル・石澤武訳『ポスト・マルクス主義と政治』大村書店、一九九二年］の初版において一九八五年にはすでに展開されていた。

（7）彼女の「不安定性」概念はたしかに、新自由主義的資本主義がもたらす生存条件を中心に展開されているが、同時に、彼女はこの概念を既存のジェンダー的諸規範によって排除された性的マイノリティの厳しい生存条件にも当てはめていることは明記しておかなければならない。

（8）例えば、彼女はラクラウのポピュリズム論を念頭において「人民を構成する身体の数を確認するスナップショットに単純に依拠することはできない」（Butler, 2015=2018: 164=214）と述べる。また、バトラーの民主主義論については山本（2020）も参照。

文献

Armingeon, K., & Guthmann, K. (2014) Democracy in crisis? The declining support for national democracy in European countries, 2007-2011. *European Journal of Political Research*, 53 (3), 423-442.

Agustín, Ó. G. (2020) *Left-wing populism: the politics of the people*. Bingley: Emerald Publishing. [e-book].

Agustín, Ó. G., & Briziarelli, M. (2018) Wind of change: Podemos, its dreams and its politics. In Ó. G. Agustín & M. Briziarelli (Eds.), *Podemos and the new political cycle: Left-wing populism and anti-establishment politics* (pp. 3-22). Cham: Palgrave Macmillan.

Blyth, M., & Katz, R. S. (2005) From Catch-all Politics to Cartelisation: The Political Economy of the Cartel Party. *West European Politics*, 28 (1), 33-60

Brown, W. (2015) *Undoing the Demos: Neoliberalism's Stealth Revolution*. Cambridge: Zone Books.［＝中井亜佐子訳『いかにして民主主義は失われていくのか』みすず書房、二〇一七年］.

—— (2019) *In the ruins of neoliberalism: the rise of antidemocratic politics in the west*. New York: Columbia University Press.

Butler, J. (2015) *Notes toward a performative theory of assembly*. Cambridge/ Massachusetts: Harvard

University Press.［＝佐藤嘉幸・清水知子訳『アセンブリ』青土社、二〇一八年］

Cervera-Marzal, M. (2020). Podemos: A “Party-Movement”in Government. *Jacobine magazine*, January, 9. https://www.jacobinmag.com/2020/01/podemos-party-social-movement-pablo-iglesias.［二〇二〇年三月一五日最終閲覧］

Crouch, C. (2004) *Post-Democracy*. Cambridge: Polity Press.［＝山口二郎監修 近藤隆文訳『ポスト・デモクラシー――格差拡大の政策を生む政治構造』青灯社、二〇〇七年］

Dean, J. (2016). *Crowds and Party*. London/ New York: Verso.

Errejón, Í., & Mouffe, C. (2016) *Podemos: in the name of the people*. London: Lawrence and Wishart Ltd.

Eley, G. (2002) *Forging democracy: the history of the left in Europe, 1850-2000*. Oxford: Oxford University Press.

Eurobarometer. 2019. *Standard Eurobarometer 90 Autumn 2019*. November 16.
https://ec.europa.eu/commfrontoffice/publicopinion/index.cfm/Survey/getSurveyDetail/instruments/STANDARD/surveyKy/2255.［二〇二〇年三月一五日最終閲覧］

Gerbaudo, P. (2016) Leftwing Populism: a primer. *Medium*, November 30.
https://medium.com/@paologerbaudo/leftwing-populism-a-primer-12d92e90c952.［二〇二〇年三月一五日最終閲覧］

―― (2017) *The mask and the flag: Populism, citizenism and global protest*. London: Hurst Publishers.

Gest, J. (2016) *The New Minority*. Oxford: Oxford University Press.［＝吉田徹ほか訳『新たなマイノリティの誕生』弘文社、二〇一九年］

Gilens, M. (2012) *Affluence and Influence: Economic Inequality and Political Power in America*. New York: Russell Sage Foundation and Princeton University Press.

Hardt, M., & Negri, A. (2009) *Commonwealth*. Cambridge/ Massachusetts: The Belknap Press od Harvard University Press.［水島一憲監訳『コモンウェルス（下）』ＮＨＫ出版、二〇一二年］

Hernández, E., & Kriesi, H. (2016) The electoral consequences of the financial and economic crisis in Europe. *European Journal of Political Research*, 55 (2), 203–224.

Katz, R. S., & Mair, P. (1995) Changing Models of Party Organization and Party Democracy: The Emergence of the Cartel Party. *Party Politics*, 1 (1), 5–28

Mouffe, C. (2018) *For a Left Populism*. London/ New York: Verso.［＝山本圭・塩田潤訳『左派ポピュリズムのため

に』明石書店、二〇一九年〕
Oxfam International. (2017) *An Economy for the 99%.* January 16, 2017. https://www.oxfam.org/en/research/economy-99. 〔二〇二〇年三月一五日最終閲覧〕
van Biezen, I. & Poguntke, T. (2014) "The decline of membership-based politics," *Party Politics*, 20 (2), 205-216.
Varoufakis, Y. (2017) *Adults in the room*. London: The Bodley Head. 〔朴勝俊ほか訳『黒い匣』明石書店、二〇一九年〕
Winters, A. J., & Benjamin, I. P. (2009) "Oligarchy in the United States?" *Perspectives on Politics*, 7 (4) : 731-751.
Young, J. (2007) *The Vertigo of Late Modernity*. London: Sage Publications. 〔=木下ちがや・中村好孝・丸山真央訳『後期近代の眩暈―排除から過剰包摂へ』青土社、二〇〇八年〕
カリーゼ・M（2012）『政党支配の終焉　カリスマなき指導者の時代』村上信一郎訳、法政大学出版局
佐藤嘉幸（2009）『新自由主義と権力　フーコーから現在性の哲学へ』人文書院
塩田潤（2019）「左派ポピュリズムと社会運動」『季報　唯物論研究』第一四七号、一一一-一一八頁
鈴木宗徳（2019）「左派ポピュリズムと不服従の知」関東学院大学経済経営学会研究論集第二七六集、二一一-二二八頁
冨田宏治（2018）「維新政治の本質―その支持層についての一考察―」自治体問題研究所編『月刊　住民と自治』二〇一八年一一月号
中島晶子（2016）「左翼ポピュリズムという幻影」日本政治学会編『政党研究のフロンティア』木鐸社、一四四-一六三頁
待鳥聡史（2018）『民主主義にとって政党とは何か』ミネルヴァ書房
山本圭（2016）『不審者のデモクラシー』岩波書店
――（2020）『アンタゴニズムズ』共和国
ラッツァラート・M（2012）『借金人間製造工場―〝負債〟の政治経済学』杉村昌昭訳、作品社

（しおた　じゅん・神戸大学大学院国際協力研究科博士課程）

論文

被災者の「復興権」を提唱する
――人権に基づく大震災復興論――

嶋田一郎

はじめに

死者一九五七四人（震災関連死を含む）、行方不明者二五三一人、避難者約四〇万人（ピーク時）を出した三・一一東日本大震災以後九年が経過した。大震災の復興期間は国際的に五年程度と認識されていた（二〇〇五津波アジアNGO国際会議など）が、はるかに越える長期になっている。

このこと自体大問題であるが、この間、被災住民との充分な合意のないまま巨大防潮堤など多くの大規模インフラ整備が進められ、完工間近である[1]。しかし少なくない被災地住民が将来の生活の展望が描けず、最近になっても何の公的支援も受けられないまま深刻な状況にある在宅被災者（被災した自宅に住む避難生活者）が東日本大震災の復興過程で復興支援ボランティアにより見出された。正確なことはまだ不明だが人数も多いとされ（一般社団法人―チーム王冠 http://team-ohkan.net/?page_id=3010）、大人災になる恐れがある。他方、被災者の現況は様々であるが、六割近くの被災地住民が復興の実感が持てないでいるという（図1 復興を実感する被災地住民の割合%）[2]。

さらに被災地元企業においても、今年になって、東北最大の造船会社「ヤマニシ」が負債総額約一二三億円を出して倒産した。東日本大震災で甚大な被害を受けたが、翌年には建造を再開させ復興の象徴として地域経済をけん引しているとされていたのである（一月三一日『河北新報』）。

何故このような復興の姿が目の前にあるのだろうか。被災

図1　復興実感の被災者意識調査

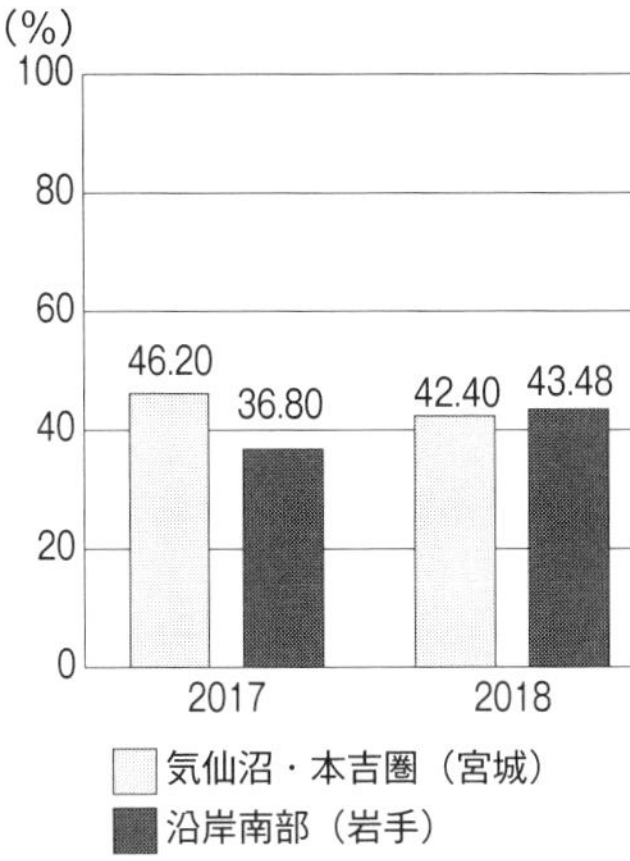

回答数
宮城 253（2017）270（2018）
岩手 786（2017）780（2018）

文献（2）改変（注1）

地住民が実感の持てない現実の復興は、復興と言えるのだろうか。いったい復興とは何だろうか。あるべき復興とは何か。どうしたら実現できるのだろうか。今、被災者からこのような根本的問いかけが発せられているのではないか。既に東日本大震災の復興に関して様々な角度から論じられているが[3][4]、被災者の根本的問いかけに正面から応えるものではないように思われる。

大震災の復興過程は極めて複雑であり、多面的な研究アプローチがある。これまで防災と復興は一体として捉えられてきたが[5]、大震災の復興において復旧・復興と防災・減災を「区別」する必要があるという著者の見解[6]を切り口にして、復興の核心と思われる問題点を被災者の視点で解明しようとした。その中心に復興の定義「被災者一人一人が希望の持てる生活と生業を速やかに取り戻すこと」とその拠り所となる「復興権」がある。被災者の問い掛けに正面から向き合い、できるだけ分かり易く答えようとしたが、多くが既知の見解と異なるものになった。一面的で独りよがりになっているかもしれない。ご指摘とご批判を頂ければ幸いである。

1. 復興の遅れの重大性

発災後九年で防災のための大規模インフラ整備がほぼ完了した。これから被災者の生活の復興が本格化するのだろうか。そうではなく、防災インフラ整備と被災者の生活の復旧・復興が一体として進めるのが、これまでの政府・行政の方針だった。多くの研究者も、様々な検証に基づいて一体と捉えるべきと考えていた[5]。被災者の生活の復興策は事実上もうじき打ち切られるかもしれない。

政府の復興計画は、発災直後二〇一一年四月一四日、被災状況を具体的に現場で調査することなく、東京で東日本大震災復興構想会議（五百旗頭真議長）を開催して、短期間のうちに決定され、阪神淡路大震災復興以来の、単なる復旧ではない「創造的復興」を掲げたのであった。その後被災現場では、防潮堤建設など大規模インフラ整備への同意がないと被災者の生活の復興は開始できない状況になっていった。「創造的復興」は、被災者が故郷に戻れなくするような理念でもあった。具体的にはL2津波（最大被害をもたらす津波）シミュレーションによる真っ赤に塗られた浸水地図を見せられ、反論できない「命が第一」と「スピード」の二つの言葉で、巨大防潮堤建設、大規模高台移転、大幅なかさ上げなどに集団的合意を迫られた(7)。個人的選択をすれば電気、水道、ガスなどの行政的生活インフラ支援も受けられない。防災の大規模インフラ整備の同意がないと実際に被災者の生活の復興は始まらないのだ。政府の復興策により復興と防災の苦しい同時選択を余儀なくされた。故郷への思いがとりわけ深い東北の被災者は受け入れに長い時間を要したのである。さらにオリンピックの東京開催決定が復興の遅れに追い討ちをかけた。人手不足、資材の高騰をもたらした。その影響は防災の大規模インフラ整備より、被災者の生活と生業の再建の方がはるかに深刻で自宅再建を断念する者は少なくなかった。

それにしても防災の大規模インフラ整備に歳月が掛かり過ぎた。千年に一度と言われる東日本大震災に対する被災者の恐怖を利用し、大震災復興策を防災優先に強行し、被災者の生活の復興の遅れの実態を見ようとしなかった。この間、少なくない被災者が故郷の復興の遅れに避難先からの帰還を諦めて、避難先になんとか落ち着く道を選び、避難先の生活に根を下ろした。また漁業・農業産品の販路は失われ、さらに大震災以前に既に進行していた人口減少が加速してしまったのである(8)。これらは被災者の生活の復興の土台を崩しかねない深刻な状況を生み出した。復興の遅れの根源に、政府が掲げる「創造的復興」――つまり復興の名の下で「通常ではやれない大規模事業を行う」（村井宮城県知事）があったと考える(9)。巨大防潮堤、大規模高台移転(9)、大幅な土地のかさ上げ、広域防災拠点の策定、そして復興に便乗し仙台空港民営化が実施され、二〇一九年になっても水道民営化まで復興計画とされている。「創造的復興」の下に、復興問題と防災問題の違いを認識せず、復興と防災の「区別」なく同時に開始し、減災を無視して(10)ハード中心の防災を優先し、被災者の生活の復興をなおざりにする復興政策が大規模に実施されてきたと考える。二〇一九年になって宮城県知事自身は、「ハード整備は非常に順調に進んでいる」「復興のあるべき姿としては被災者が自ら立ち上がり、食べていけるようにしたい」と評価している。[1] また県議会（二〇一九年九月）で「『創造的復興』の取り組みは、被災者の生活再建を前提とした」と答弁している。このような「創造的復興」の対抗軸として、大震災の「被災者の（生活）の復興」論を試みる。

2. 復興と防災の「区別」[6]

端的に言えば、復旧・復興は現在の被災者の問題であり、大震災の防災・減災は実は何百年後か分からない未来の大震災に備えるものである。従って大震災の復興において第一に急がねばならないのは、現在の被災者の生活と生業（雇用）の確保である。

他方、防災は「命が第一」であるが、これを次の大震災（津波）から守る方策は、今第一にとらねばならないものではない。命の問題は次に襲来する大震災に備える防災の問題であった。政府行政側はこの「命が第一」（命は何よりも尊い）という絶対的とも言える常識と被災者の強い感情（命を失う恐怖）につけ込んで、被災地では「命が第一」と言って防災の大規模インフラ整備の被災地住民の合意を取り付けて行ったのである。

大震災なので時期の違いは自明と思われるが、大震災の復興に関する議論ではどういう訳か曖昧にされている。余震が収まっても災害危険区域は解除されず、被災者は強く希望しても故郷に戻れなかった。著者の記憶では、「巨大地震・津波はもう（すぐには）来ない」と被災地に向けての地震学者は誰一人発信しなかった。そもそも未災（害）地の災害対策はこれまで基本的に復興とは無関係に防災対策が単独で実施されてきたのである。従って被災地の復興に防災を同時に結合する必要性が改めて問われるべきだったのではないだろうか。しかし、防災と復興を一体として捉える復興観は全国民的で強固である。阪神淡路大震災の研究者ですら防災、減災、応急、復旧、復興施策を一体として捉えるべきとしていた。[5]「一体」の意味が曖昧であるが、復興計画を考える際に将来の災害への防災を考慮しないと立派に復興しても無駄になる恐れがあり、また逆に復興が将来の防災のリスクを拡大するかもしれないことを配慮するという意味では合理的コンセプトである。しかし東日本大震災は、これまでの防災のあらゆる想定を超え、広大で多様な被災状況を生み出し、その後の予測し難い複雑な被災者の生活の復興状況を生み出した。例えば、巨大防潮堤は海を隠し漁の妨げとなり、高すぎる高台移転は「職住分離」により生活困難などをもたらした。

我々は当初、この違いを認識できず明確に「区別」しなかったためもあって、復旧・復興に「命が第一」という政府行政側の誤った主張に有効に反論できなかった。「命が第一は建前で本質は『惨事便乗型事業』(ショックビジネス)[3]の利益のためである」と批判したが、復興は「生活が第一である」と、きっぱり反論できず、巨大防潮堤、高台移転、かさ上げ、住宅再建禁止区域指定などの強行を許してしまった一因になったのではないだろうか。これら未来の命(生物学的生命)を守る方策は、後で被災住民としっかりした合意の上で実施すれば良いのである。真っ先にやらなければならない復旧・復興策は、まず被災者の生活と生業を確保することである。

しかしこの主張は、そのままでは多くの被災者には受け入れられず、大反発を招くかもしれなかった。被災地に早く戻って生活を立て直すことを迫るものと受け取られる恐れがあったのである。大震災に遭遇した被災者の恐怖は極めて深刻である。二度とあの場所に戻りたくない。この気持ちが何年も持続することがある。また子どもたちを中心に五年後に、精神的な障害(PTSD)を発症した。

命拾いした被災者には命が第一という強烈な感情が焼きついているが、冷静に考えれば死を免れた被災者の復興は、もう生命の問題ではなく、これからの「生活と生業」の再建である。ところが大震災の防災は、何百年後か分からない未来の被災者の生命の救済が第一である。このように復興と防災は、時期だけでなく対象が全く異なるのである。表1には厳密ではないが、その他の例も加えて違いのイメージを示した。

復興と防災の「区別」のみならず、被災現場の様々な矛盾や混乱を解いていくためにも、被災者間の自主的な話し合いの場を設け、時間をかけて議論を重ね、互いの相違や一致を冷静に認識することが不可欠である。そして一人ひとりの生活の保障の下で、戻る、戻らないは、最終的に各人の自由な居住の選択に委ねることである。そのような話し合いの場の設置のための早期の支援が極めて重要である。

復興の核心は、死を免れた現在の被災者の生活と生業の再建であり、防災のそれは再び大震災に見舞われる未来の被災者の生命を守ることが第一である。もちろん、被災者の生活の復興にはコミュニティや生活インフラ(電気、上下水道、ガスなど)の復興が不可欠であり、住宅や財産などを守ることは防災の重要な目的である。

被災者の冷静な話し合いの場で、復興と防災は根本的に

表1　復興と防災の区別

	時期	対　象	性質①	性質②	実施地
復興	現在	被災者の生活と生業	ソフト中心	複雑・多種	被災地
防災	未来	被災者の命が第一	ハード中心	単純・少種	未災害地 被災地

異なる概念であるという科学的見地を被災者に広めることができるだろう。復興と防災の区別は、これからも押し寄せるショックビジネス（惨事便乗型事業）の餌食にならないための防波堤にもなるだろう。両者の同時進行の可能性もあるが、矛盾する場合は復興を優先すべきである。

この重要な「区別」が阪神淡路大震災などで大きな問題にならなかったのはなぜであろうか。多面的な解析が必要であるが、恐らく被災が都市圏に集中し、復興の目的の柱が強靭な防災都市建設であったことも理由の一つであろう。そして近くに大規模な大阪経済圏があり、少なからぬ被災者が賃貸住宅に住み、比較的容易に生活と生業の再建の手段を手に入れられたことに依るのではないだろうか。これに対して東日本大震災は、沿岸部を含む広大な地域が被災し、近くに被災者の生活と生業の再建を支える大経済圏は存在しない。仙台市を別に小規模な地域経済圏が分散している。目に付く防災の大規模インフラ整備の進行に比して、一戸建の自宅に住んでいた少なからぬ被災者は、住宅を始め自らの生活と生業の再建の展望を見いだせないできた。東日本大震災においては、それまでの災害における、防災‐被災‐復興の関係が複雑になり、事実上切断されてしまったのである。このように大震災においては「区別」は明確で実践的にも重要であるが、台風や集中豪雨などの大災害において、「区別」の実践的役割の解明は今後の研究課題である。

3. 復興とは何か

現在までの「復興とは何か」の議論は、復興と防災の区別が明確でなかったこともあるのだろうが、複雑であり、研究者によって様々な復興の定義があった。阪神・淡路大震災以来の復興研究の総括とも言われる「災害復興基本法案」（二〇一〇）[5]においては、「復興の主体は被災者である」とされ、それまでの客体とされていた復興観の画期的転換を行った。その前文において「被災地に生きる人々と地域が再び息づくこと」という復興の定義がある。加えて

第一条の復興の目的として「自然災害によって失ったものを再生するにとどまらず、人間の尊厳と生存基盤を確保し、被災地の社会的機能を再生、活性化させる」と三つの普遍的包括的目標が述べられており、東日本大震災の復興研究に大いに参考になる規定である。

東日本大震災の復興においては、復興と防災の区別によりハード中心の防災を外して考察すると、復興とは何かが明らかになる。見えてくる復興の核心は、被災者一人一人の生活の復興である。全壊で支援金を受けた自宅、災害公営住宅、高台移転の宅地造成などが完成し、被災農地や水産加工施設などが回復しても、そこに生きる被災者の生活が復興しなければどれだけの意味があるだろう。死を免れた「被災者が、希望の持てる生活と生業を速やかに取り戻す」ことこそが復興であり、その簡明で具体的な定義と言って良いのではないだろうか。ここで被災者とは、大震災で直接生活・生業（雇用）に被害を受けた被災地に生きる人々を指す。コミュニティの活性化や生活インフラの整備はこの定義における復興に不可欠であるが、上記の定義に集約されうると考える。復興の定義を簡略化して「被災者の復興」と呼ぶ。こうして復興・防災の区別がこれまでの長年にわたる復興市民運動の理念「人間の復興」を具体的に展開する出発点となり、その実践的核心となる復興の定義が導かれた。「希望の持てる」は復旧に留まらない復興を示す大切な言葉である。具体的には例えば「生活・生業が続けられる見通しがつく」ことであるが、さらに「もっと良くする見通しが出てきた」状態である。この復興の明確な定義が被災者、国民に広く理解されるようになれば、復興や復興策の評価が劇的に変化するに違いない。目に付きやすい大規模な事業はほとんど防災事業であり、復興とは別物である。被災者の生活と生業の状態こそが復興の評価の対象である。これまでの防災が紛れ込んだ曖昧な復興観が如何に県民の復興の評価を誤らせるか。図

図２　復興実感の県民意識調査

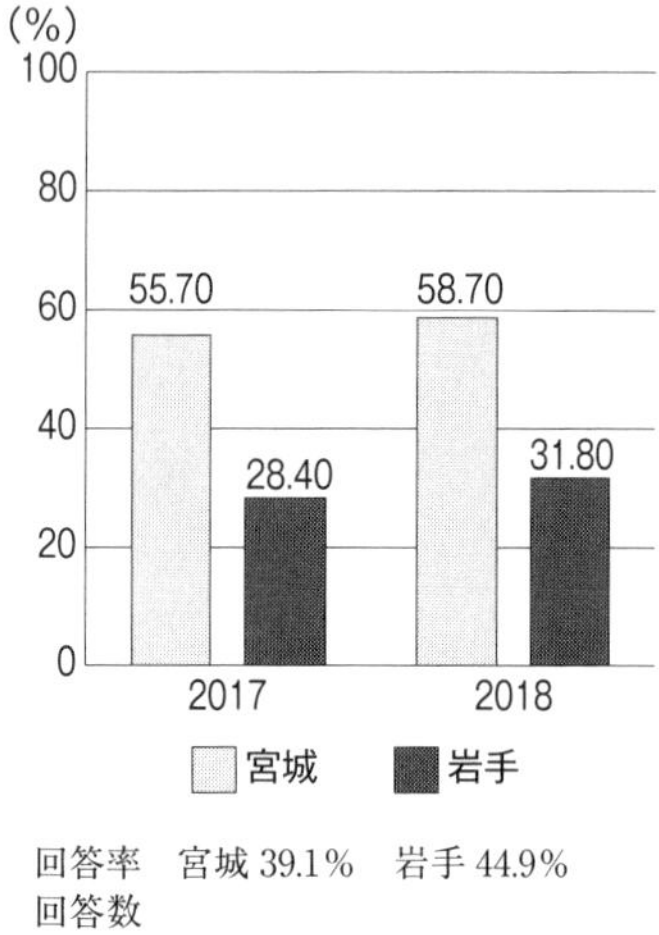

回答率　宮城 39.1％　岩手 44.9％
回答数
宮城 1947（2017）　2069（2018）
岩手 3493（2017）　3311（2018）

文献（2）p.2 より改変

2にその一例を挙げる。

二〇一八、二〇一七年の宮城県と岩手県の県民の復興実感を示す。県民意識に大きな影響を与える知事の復興観、村井宮城県知事が国の方針に忠実な「創造的復興」を掲げ巨大防潮堤などの建設に邁進するのに対し、達増岩手県知事は発災直後に「大原則は、憲法第一三条幸福追求権の保障と犠牲者のふるさとおもいの継承」と対照的で、達増知事は「人間の復興」を進めていると政策検証に取り組む研究者に評価されている(13)。ところが県民意識はまるで逆である。何故だろうか。県民が防災を含めた誤った復興観にとらわれたためであると考える。本論文で導いた新しい復興観が県民に浸透すれば、調査結果は逆転するであろう。

これまで東日本大震災の復興策では、一度たりともまともな被災者の生活と生業の実態調査は実施されなかった。これに対して複雑な被災者（死者を含む）の現況をできるだけ正確・迅速に把握することは「被災者の復興」の大前提である。複雑な動的過程の復興の状況を把握するためには、今のところ、基本的に被災者の生活状態の把握を頻繁に繰り返すしか方法はない。ここにこそ新たに重点的に人員と資金を投入すべきである。被災者に寄り添う復興に発展し、未来の防災の土台にもなる。この両者の区別と新しい復興の定義が広く理解されれば、政府の「創造的復興」政策の提案者（五百旗頭真氏）も驚くような、大規模な惨事便乗型復興の暴走を抑える力になるに違いない。

4．新しい人権、「復興権」の提唱を

戦争と大震災ほど人間が遭遇する残酷さと無力さを露呈するものはない。日本国民は第二次大戦後の焼け野原から復興し、奇跡の高度経済成長を遂げたといわれた。その根底に、平和と国民一人ひとりの基本的人権を保障する新しい日本国憲法があったと考える。第二の敗戦とも言われた東日本大震災の発災から九年になっても、被災地住民が実感のもてない復興の現実は、政府の「創造的復興」の破綻が露呈されたものである。この復興の根底には一体何が足りなかったのか。これまで得られた様々な教訓や見解と反省を集約し（付記）、敗戦後の日本国憲法のように被災者の希望となる新しい人権、「復興権」を提唱する時ではないだろうか。

東日本大震災の発災後、熊本大震災、西日本集中豪雨、荒れ狂う台風大災害の続発、そしてついに北海道大震災の勃発である。昨年も大型台風が日本国土を直撃し大被

害をもたらしている。国土が崩壊しかねないような大災害の頻発である。もうこれまでの日本国政府や国民（ボランティア）がその都度対処してきた復興支援活動では到底間に合わず、結局被災者は最後に取り残されかねない。抜本的な復興策の転換が急務である。そのためには既に述べたような明確な復興の理念、ビジョンの確立が不可欠であろう。その核心となるのが以下に述べる新しい人権、被災者の「復興権」であると考える。

5．「復興権」とは

定義：大震災の被災者は、極限の無権利状態から復興目的（希望の持てる生活と生業を速やかに取り戻すこと）に到達する固有の権利を有する。これを復興権と称する。

「復興権」は、環境権などと同様に、日本国憲法第一三条「個人の尊厳」「幸福追求権」を根拠とする。第一三条は憲法上のあらゆる権利の総体とされる(11)。基本的人権の分類に自由権と社会権がある。憲法第二五条の生存権は社会権の一つである。「復興権」は自由権と社会権にまたがる新しい複合的権利である。

大震災の場合、「復興権」は、大集団の被災者に同時に発生し、公共的性格を有する故に、公的な権利保障が実施されねばならない。

「復興権」が示す復興目的は「被災者が希望の持てる生活・生業を速やかに取り戻すこと」と明確であるが、被災者の復興過程は様々であり、予測できない変動がある複雑な動的過程である。従ってその過程には大震災に固有ではあるが、目的とのずれや様々な人権問題が被災者に生起し複雑に絡み合っている。そのために被災者ごとに異なる人権内容については既存の人権で分析するのは極めて困難で明確な結論が得られにくく、対処法の迅速な提起が著しく困難である。多くは新たな研究課題にならざるを得ない。

他方、復興目的と被災者の現実とのずれについては、復興到達度（復興度）として、量的評価は可能である(12)。災害評価専門者（災害ケースマネジャー）などが、被災者とよく話し合い、震災前の日常的な生活・生業と比較して、その時々の復興状況のレベルを納得づくで相対的に評価する。

「復興権」が運動と闘いにより国民意識に定着し、制度化すれば、国の復興策は善意による支援ではなく、「復興権」の権利保障の義務となるだろう。「復興権」は最後の被災者の一人まで支え、一律な期限を付けられない被災者固有の権利である。

6.「復興権」の特徴

(i)「復興権」と自由権

変化する復興過程の様々な場面での自由な発言、復興メニューの作成への参加やメニューの自由な選択、再建宅地選択の自由など復興の自由権は多様である。復興過程の様々な困難を解決するための民主主義を支える柱である。自由権を発揮するためにも、被災者を中心に自由な話し合いができる場が早急に保障されなければならない。行政を交えた復興市民運動の拠点となり、復興運動ネットワークのノード（結び目）となる地域復興センター（仮称）である。

(ii)「復興権」と生存権(11)

「復興権」と既存の人権関係の一例として生存権を取り上げる。生存権は、すべての日本国民に一人ひとりに生涯に亘って安定的に保障されるべき基本的人権であり社会権の一つである。これに対し「復興権」は、自由権と社会権にまたがる複合的な権利であることに加えて、以下のように、生存権との関係が伺われても、現実にそれには収まりきれない複雑な人権問題として現れる。

第一に、「復興権」は、大震災勃発で被災者に発生し、「希望の持てる生活と生業を速やかに取り戻す」（復興目的）が達成されて消滅する。時限的ではあるが、被災者の最後の一人まで復興目的達成を保障する、一律な期限を付けられない、被災者に固有の権利である。

第二に、多数の自治体、コミュニティレベルで被災者に同時に発生する大震災における公共的権利である。権利保障は公的レベルでなされる。

第三に、「復興権」の内容である。被災者は、巨大地震、巨大津波の恐怖に晒され、家族、友人、知人を失う癒されぬ悲しみに沈み、我が家どころか地域丸ごと失う深い喪失感を味わい、長期に亘る過酷な避難所・仮設住宅生活を強いられてきた。住宅、商店、会社などの再建がなったようでも、膨大なローンを背負い、深刻な返済の不安を抱えるなど、未だに希望の持てない状況に置かれている被災者が少なくない。ところが、地獄を経験した被災者が、自ら立ち上がって希望の持てる生活を取り戻す力を直接的に支える法的制度はこの日本国には存在しないと言ってよい。

「復興権」は、被災者が、このような苦しみから早急に救済され、以前の生活を取り戻し、新しい生活に希望をもって立ち上がる力を発揮することができる新しい人権で

表2　復興権と生存権の比較

復興権	希望の持てる生活と生業を速やかにとり戻す大震災被災者に固有の権利	自由権と社会権の複合的権利 公共的、個別的権利	生成と消滅の動的権利 被災者固有 復興過程の民主主義は自由権が支える
生存権	健康で文化的な最低限度の生活を営む国民一般の権利	社会権の１つ 個別的権利	生涯に亘る安定的権利 国民一般

ある。「復興権」を掲げて被災者とともに粘り強い復興市民運動を持続するしか他に道はないのである。阪神・淡路大震災以来の大運動があって災害支援法に結実して住宅再建に三〇〇万円の直接支援が認められた。私有財産に税金は投入しないとしてきた政府のかたくなな方針を事実上打ち破った画期的成果である。しかしこの制度は自宅再建が自己資金などで完成の見通しがなければ受け取れない。しかも被災者の生活再建支援法の五〇〇万円への拡充が提案されているが認められていない。この要求は生存権に基づくものであるが、明確とは言えない金額の根拠と共に、被災者の復興の権利を捉えきれていないのではないだろうか。住宅再建は被災者の復興に必須であり、「復興権」に基づく当然の権利である。

最後にこのような新しい人権、被災者の「復興権」の提起が、直ちに救出されねばならない在宅被災者のような最も苦しむ被災者が自ら声を上げられるような、国民の権利意識を高める手がかりになり得ると考える。

「復興権」は復興過程で生じる想定外のものも含めて様々な人権（表現の自由、居住移動の自由、労働権、生存権など）侵害から被災者を守る砦になる。八年間も放置された在宅被災者の深刻な人権問題は想像を絶し、分析が困難な上、救済は一刻を争う。大震災に起因することは明白なので、重大な「復興権」侵害として最大限の対応を要求する。表2に「復興権」と生存権の違いをまとめた。

(iii)「復興権」と防災

「復興権」は、憲法第一三条を根拠とし、自由権と社会権にまたがる複合的権利であり、大震災復興に固有のものである。復興と防災を区別しその権利は防災には及ばない。防災は　未来の被災者の命を保障する生存権を根拠とし、未災害地では通常防災策単独で実施される。しかし、復興も防災もその充分な達成には、被災状況の正確な把握を不可欠とする共通の関係がある。

(iv)「復興権」に関わる先行研究

前述の「災害復興基本法案」(5)では復興は「被災者が主体」との規定を支えるものとして第四条に「被災者の決定権」を提起して、「復興のあり方を自ら決定する権利を有する」としている。これこそ包括的抽象的「復興権」ではないだろうか。ただこのままでは「あり方を決定する」実践に結び付く具体的手掛かりを得るのは困難である。本論の「復興権」こそが、その復興の実践的根拠になると考える。

7．大震災のあるべき復興は被災者が主役の復興市民運動で達成される

東日本大震災の復興は、被災者の被災状況と被災者の復興の進行状況が様々であり、把握が困難な場合も少なくない。途中で見失うこともある。その極めて複雑な被災者集団の復興過程は長期的予測が困難であり制御し難い。当初の単純な想定は、復興策の実施自体が予測されない新たな状況を生み出す。個々の被災者の現実から大きく乖離していくこと（復興格差、復興災害など）を避けられるか否かが復興の成否を握る。

復興策は、被災者が復興目的に到達するまでの長期的、複雑な動的過程として実施される。このような復興策の実施は従来のトップダウンの大規模復興事業の実施ではなく、被災者を中心に、支援者、ボランティア、研究者、そして評価専門者までも巻き込んだボトムアップの復興市民運動として展開される。「被災者の復興」という明確に定義された目的と、復興度に示された目的とのずれ（矛盾）が存在する。これまでの復興運動とは根本的に異なり、復興目的と被災者の現実との矛盾が具体的で明白である。ここに新しい復興市民運動が起こる必然性がある。その運動の中で被災者自らが参加して作られた復興メニューを選択し、目的達成を要求し実現していくのである。復興とは何か、どのように達成するかを語り合い、被災者が憲法第一三条に基づいた「復興権」に希望と確信を持てるような復興市民運動を進めるのである。そのために、復興策の絶えざる検証と改善が不可欠である。「被災者の復興」の達成は、被災者が主役の復興市民運動を如何に強く大きく発展できるかに掛かっている。

8．ボトムアップの新しい復興を考える

（1）従来のトップダウンで画一的なハード中心で防災優先の復興策を根本的に転換して、ソフト中心（生活密着のハードは不可欠）でボトムアップの「被災者の復興」を優先すると、復興の姿は全く違ったものになるだろう。そのためには、被災者に寄り添い、被災者が主役の復興市民運動を立ち上げなければならない。地元未災害者、支援者、ボランティア、専門家、研究者、そして災害評価専門者まで巻き込んだ運動である。行政も含めた様々な全国からの支援を得て、まず絶えざる被災者（死者も含む）の追跡と生活状況の把握が復興の大前提である。基本的に人海戦術であり頻繁に実施されねばならないが、複雑な被災者の復興には、これしか有効な方法はない。これまで疎かにされてきた被災者台帳を正確で利用しやすいものにするために力を入れる。全被災者を訪問しその被災状況を冷静に観察し、被災者が重い口を開くまで粘り強く接触を重ねる必要がある。無残な在宅被災者の存在は繰り返さない。その上で被災者の訴えや復興の到達度（復興度）など、災害評価専門者を交えて納得づくで評価し、復興策の変更や改善に直ちに反映させる。その権限は被災者を含む復興市民運動組織が行使できるようにする。必要なら使いやすい情報端末機器も配り活用する。

復興の前進には個々の被災者を訪問して対話するだけでは不十分で、早急な被災者が中心の話し合いの場の設置が不可欠である。設置の支援と共に、復興や被災関連の十分な情報を提供し、適切な規模（地域づくりの単位、共助可能な規模、町内会規模）と必要な権限を持った多数の地域復興センターを構築する。このために政府行政は、十分な人員と資金を投入することが復興遂行の鍵である。そして時限的な地域復興センターの情報と権限を集約（ボトムアップ）する常設の復興・防災（災害）省を置く必要があるのではないか。その際、縦割りの弊害を生じないように省庁横断で、災害大国に相応しい十分な権限と人員・資金を投入して運営する。

（2）地域復興センターを拠点にして、被災者と復興関係者との復興市民運動ネットワークを広げ発展させる。訪問を繰り返し、ネットワークを活用し、被災者の絶えざる状況把握と評価に基づいて、被災者、未災害被災地住民を中心に、専門家、研究者、評価専門者（災害ケースマネ

ジャー)、支援者、ボランティアらと行政がしっかり支え、ボトムアップで早期に多様な復興メニューを準備する。メニューの創出には、地域づくりの単位、共助可能な、地域復興センターがカバーできる範囲でネットワークも活用しながら組織的に取り組まれる必要がある。基本は、個々の被災者の「希望が持てる生活・生業を取り戻すこと」が目標であるが、そのためにも地域間の情報・意見交流が大切である。結果として、例えば復興に到達するまで継続する医療費の窓口負担の無償化などのような国レベル、終の棲家に相応しい災害公営住宅建設などの自治体レベルの共通メニュー、統合メニューを作成することになろう。その際に復興運動組織と行政(市、町、村)の協力は大きな役割を果たす。作成されたメニューは各自治体、復興・防災省において十分に尊重される。メニューにおける復興地は、被災現地(周辺)を基本とするが、様々な可能性も考慮する。馴染みがあり、復興の見通しがつけやすく被災者がメニュー作りに参加しやすい。メニューには地場産業の復興、地域起こしの施策なども合わせて検討する必要がある。復興メニューの地域的目標は、現実的でありながら、被災(者)地が「生活と地場産業の先進地域」[14]となるような希望の持てるものにする。

(3)被災者(地)住民の徹底した話し合いでメニューを選択する。メニューの実施においても「復興権」の定量性(復興度)が指標となり、絶えず改善され、選択は変更できるようにする。選択はコミュニティを重視するが、基本的に個人単位であり、被災地を離れる選択も含めて、どの選択でも「希望が持てる生活と生業を取り戻す」ことが保障されなければならない。発災後の被災者の大震災への恐怖を初め、心のケアは極めて重要で、この選択においても充分な対応が求められる。

手数は掛かるが、大規模な土木事業が少ないので、実質的に個々の被災者の復興を早く開始できるだろう。復興の遅れによる深刻な障害の多くが取り除かれる。三二兆円を超える予算(七年間、ピーク時避難者四〇万人以上)も有効に使われる。新しい復興観——被災者の復興——に立って、復興の目標などを示す災害復興基本法の制定し、災害救助法などの既存の諸法律は抜本的に改定されなければならない。

おわりに

「復興権」は、政府の掲げる「創造的復興」の対抗軸「被災者の復興」の核心になるだろう。その内容においても、被災者が自ら何の責任のない、個人ではどうしようもない重い物質的精神的負担を背負って立ち上がることを保障する権利である。複雑な復興過程で生じる、自由権と社会権にまたがる様々な人権侵害が絡み合った人権問題に対して、「復興権」侵害として速やかに対処できる。生存権などのような個々の既存の人権よりも効果的に闘う根拠になり得るのではないだろうか。

また、「復興権」に基づく評価「復興到達度」は、「被災者の生活の復興」の評価に留まらない。それに不可欠な被災地に生きるすべての人々の復興、そして被災地の復興のレベルを強く反映せざるを得ない。これまでなおざりにされてきた個々の被災者の生活実態から大震災復興を捉える立場である。つまり人権に基づく大震災復興の評価である。

「復興権」は、各地で展開される「創造的復興」の激流に抗して、闘う復興市民運動で鍛えられ広まり、その定量性は研ぎ澄まされ、被災者の復興目的実現の強力な実践的法的思想的な拠り所になるに違いない。そのためには被災者、支援者、国民の復興に対する意識変革が欠かせない。「復興権」の提唱はその第一歩である。未熟かもしれないが新しい復興観の下で闘われる復興市民運動で試され成長するだろう。そして「復興権」に基づく復興市民運動は災害基本法の制定や、災害救援法など関係諸法律の抜本的な改定を実現することが可能になる。こうして被災者の個人の尊厳が保障される新しい復興制度が実現するだろう。これらの制度は、復興過程を大幅に短縮し、過酷さと苦難をやわらげ、被災者切り捨てを防ぐようになるだろう。しかし、それらだけでは被災者の復興を成し遂げる現実の保障にはならないかもしれない。被災者主体の復興市民運動に決定的に依存する。(15)

阪神淡路大震災二五年の今年、恐るべき数字が出された。借り上げ復興住宅(神戸)の入居者の四四%が「自身の生活が復興していない」と答えているのである(一月一七日、共同通信)。これらの被災者は復興から切り捨てられたのである。

宮城県を始め各自治体が大震災復興一〇年の検証に取り組んでいる今、全被災者の生活と生業の実態の大規模調査を各自治体に要求する復興市民大運動を展開しなければならない。東日本大震災復興の被災者切り捨てを決して許さないためにも、新しい復興観の下に復興市民運動の再構築が求められている。「被災者の復興」と「復興権」という新たな復興メッセージを一刻も早く復興市民運動に届けなければならない。

「復興権」は、大震災のみならず、過酷な災害列島に生きる日本国民への普遍化が今後の研究課題である。「復興権」は、「被災者の甘え」を口にする一部の日本国民の偏見を取り除くことに寄与するだろう（イタリアでは、被災者に対して「苦しんだのだから楽な生活をするのは当たり前」とする市民意識があるという）[16]。「復興権」は、物質的な保障だけでなく、コミュニティ、教育、文化などの復興が含まれる希望の権利である。

「復興権」というキーワードが被災者の人権として国民意識に定着するならば、今後頻発するかもしれない個々の大震災の復興の共通の指標となり、それらの記憶の風化の防波堤になるかもしれない。

このような可能性を持つ「復興権」であると考えるが、様々な新しい人権と同様に、学問的に（憲法学者、法学者、社会学者、災害問題研究者などにより）さらに広く検討される機会となれば幸いである。

謝辞　志岐常正氏には率直で深い議論、綱島不二雄氏には率直な議論をして頂き感謝いたします。また、東日本大震災復旧・復興みやぎ県民センター世話人会の情報・議論に負うところが多く、世話人の皆様に感謝いたします。

注および引用文献

（1）村井宮城県知事「ハード整備は非常に順調に進んでいる」『河北新報』二〇一九年三月九日付。

（2）宮城県「平成29年県民意識調査」三四頁、宮城県「平成30年県民意識調査」三四頁、岩手県「岩手県の東日本大震災津波からの復興に関する意識調査」結果（データ編）四頁、東日本大震災復旧・復興支援みやぎ県民センター『東日本大震災八年　宮城県の復旧・復興の現状』二〇一九年、三頁。

（注1）宮城、岩手県民意識調査、復興実感の県民意識調査方法

「復興が進んでいる、やや進んでいる、わからない、やや遅れている、遅れている」の回答のうち、「進んでいる+やや進んでいる」の回答の全回答数に占める割合を「復興の実感がある」とした。

回答数　二〇一七年　宮城気仙沼・本吉圏　二五三

岩手沿岸南部　七八六

二〇一八年　宮城気仙沼・本吉圏　二七〇
岩手沿岸南部　七八〇

（3）綱島不二雄編著『東日本大震災復興の検証―どのようにして「惨事便乗型復興」を乗り越えるか』合同出版、二〇一六年。

（4）みやぎ震災復興研究センター『東日本大震災一〇〇の教訓―地震・津波編』かもがわ出版、二〇一九年。

（5）前掲『東日本大震災一〇〇の教訓―地震・津波編』二二三頁、関西学院大学災害復興制度研究所「災害復興基本法案逐条解説」二〇一〇年。
http://www.fukkou.net/news/files/20100111.pdf

（6）嶋田一郎「東日本大震災復興五年の教訓―復旧・復興と防災・減災の区別」『日本の科学者』51 (10)、五五八～五六〇頁、二〇一六年。

（7）前掲『東日本大震災一〇〇の教訓―地震・津波編』四四頁。

（8）前掲『東日本大震災八年　宮城県の復旧・復興の現状』一〇頁。

（9）前掲『東日本大震災一〇〇の教訓―地震・津波編』一八頁。

（10）前掲『東日本大震災復興の検証―どのようにして「惨事便乗型復興」を乗り越えるか』二四九頁。

（11）妹尾友則「『人間の尊厳』と社会保障―憲法第一三条の現代的意義―」『唯物論と現代』六一号、二〇一九年、五二頁。

（12）復興度の語は、既に河北新報社ネット共同調査で二〇一七年から使用されている（『河北新報』二〇二〇年三月一〇日）。しかしその意味は復興の進み具合の印象を一〇％刻みで選ぶもので、流布されている防災を含んだ復興の印象を問うものである。明確に定義された「復興」で規定された本論文の復興到達度（復興度）とは異なる。

（13）前掲『東日本大震災復興の検証―どのようにして「惨事便乗型復興」を乗り越えるか』二五頁。

（14）嶋田一郎「大震災の真の復興に向けて―被災地域を地場産業の繁栄と豊かな生活の先進地域に」『日本の科学者』46 (9)、五四～五五頁、二〇一一年。

（15）牧野広義『マルクスと個人の尊重』本の泉社、二〇一九年、五四頁。

（16）日野秀逸氏のご教示による。

付記

私家版「東日本大震災復興の10の教訓」

既に大震災復興の具体的教訓が数多く得られているが、(4) さらに一般的理念的な形に著者なりにまとめて思いつくままに挙げてみる。

⓪迅速で正確な被災者の被災状況の把握なくして復興なし

在宅被災者の悲劇を繰り返してはならない。

①復興と防災を区別して、復旧・復興を優先させる

本論で詳しく述べているように、この区別こそ「人間の復興」[3]の理念を具体的に発展させる契機であった。

②防災は復興し易いものでなければならない

巨大防潮堤は既に復興の妨げになることが明らかであるが[9]、復興を妨げる可能性のある防災策は、時間をかけて十分被災住民の声を聞き、合意を形成すべきである。現在進められている防災策は、現在のみならず未来の復興を妨げてはならない。

③国の復興策は被災者の生活・生業の再建の保障であり義務である。支援ではない

国民は善意に基づく支援を行う。この保障と支援の根本的違いを広く国民意識にしていかなければならない。

④復興策には、被災者の犠牲への償いと、その下で得られた貴重な大震災の教訓の「授業料」が含まれるべきである

国民はそれを学び、次の大震災に効果的に備えることができる。

⑤被災者の話し合いの場の早急な設置と十分な被災関連の情報提供が欠かせない

被災者の復興の出発点であり土台である。

⑥コミュニティの復活なくして復興なし

避難、復旧、復興の様々な過程でコミュニティを極力維持する。仮設住宅、災害公営住宅などの割り当てなどはコミュニティを生かした自由な選択が原則である。抽選などは避ける。

⑦発災直後に拙速に出された災害危険区域の指定の長期化は、憲法（居住、移転の自由）違反である

故郷への思いを断ち切り、被災者の復興を大きく妨げた。L2津波シミュレーションの浸水地図などによる区域は過大であり、さらに正確な検証をすべきである。

⑧職住分離は復興の障害になる

防災のため膨大な費用と歳月をかけて高台移転しても、仕事に不便なだけでなく少なからぬ被災者が自宅すら建てられず空き地になっている。

⑨市町村合併や合理化の際は、災害を考慮して、その職員数を確保する

画一的職員数削減などは、復興の重大な障害になった。全国からの派遣職員が引き上げて、自治体の被災者対応が危機にあり、被災者は切り捨てられつつある。

⑩復旧の努力なき復興は復興にあらず

先の見通しがつきやすい復旧を目指し、その検討の中で大きな困難や改善点が明らかになれば別の道を探求する。

（しまだ いちろう・東北大学名誉教授
・複雑系科学／動物行動学）

翻訳

マルク・ミーチン評伝

セルゲイ・コルサコフ著／市川　浩訳

【訳者序】ここに訳出するのは、ロシア科学アカデミー・自然科学史＝技術史研究所編『一九二〇〜五〇年代における科学アカデミーの科学者たち—写真家モイセイ・ネペリバウムの肖像写真コレクション（伝記的解説付）—』（モスクワ、自然科学史＝技術史研究所刊、二〇一〇年）に所収されたセルゲイ・コルサコフ氏による伝記的解説「ミーチン（ゲルシュコヴィチ）、マルク・ボリソヴィチ」項（同書、二七一〜二八〇ページ）である。訳出については同氏の了解をえている。訳者注は本文中に【　】に括って示した。末尾に解題を掲げている。

ミーチン（本姓ゲルシュコヴィチ）、マルク・ボリソヴィチは一九〇一年ユリウス暦六月二二日（グリゴリオ暦七月五日）、ジトミール【ウクライナの都市】に生まれ、一九八七年一月一五日、モスクワで没した。一九三九年以来の科学アカデミー正会員。

一九一九年、ミーチンはコムソモール【ヴラジーミル・レーニン名称共産主義青年同盟】に加盟し、ジトミール市のコムソモール組織の書記に選出された。一九一九〜二〇年、第四四狙撃兵大隊ボグーン【ウクライナ語では「ボフーン」。一八世紀の英雄の名前に由来】連隊の特殊任務部隊に従軍。一九二〇〜二一年、ウクライナ・コムソモール中央委員会右岸地域ビューロー議長、キエフ、およびポドリスク県委員会書記。一九二一年、ヤーコヴ・スヴェルドロフ名称共産主義大学【党、国家・地方の幹部養成のための高等教育機関】に派遣され、そこで課程を修めると、複数のモスクワの中等専門学校で社会科学を教えた。

一九二三年、彼はトロツキー派的な性格のゆらぎを見せ、そのため、党の諜報員たちによって作成された、疑わしい人物の特別リストにその苗字が記載された。このリストには名前が載ったものの多くが横死を遂げた。ミーチンの経歴にはこのことは何も書かれていないが、その忠実さを保障するもの【権力にとっての脅迫材料】として一定の役割を果たしたのかもしれない。

一九二五年からミーチンは赤色教授学院【ソ連の政権を支える高等教育＝研究要員育成のための、大学院レベルの高等教育機関】哲学科の聴講生となった。彼は修学に励むのではなく、〝党の路線に沿って〟進み、将来、〝中央委員会に入り込み〟、酷評を受けない保障をえようと決心した。一九二七年秋、トロツキー反対派にたいする弾圧がはじまる前から党中央委員会煽動宣伝部が組織したキャンペーンに参加した。一九二八〜二九年、彼は『革命と文化』誌編集部に派遣され、そこでブハーリン派に反対する論文を発表した。一九二九年、ミーチンは赤色教授学院を修了すると共産主義教育アカデミーの副学長に任命された。

哲学において、ミーチンは自分の見解を明らかにすることなく、その当時公認されていた立場を擁護した。「レーニンと哲学」という論文において、彼は、当時ソヴィエト哲学界のリーダーであったアブラム・デボーリンの著書『思想家としてのレーニン』について、これを熱狂的に歓迎する評価を書いた。ミーチンはデボーリンの著書について「わかりやすい、生き生きとした言葉で書かれたこの著書はレーニンの哲学的見解、さらには弁証法的唯物論に関する最良の叙述である。レーニン主義にかんする文献の量の豊富さゆえに、デボーリン同志のこの小冊子はその質において際立っている」と書いた。のち、ミーチンはこの論文のことを自分の公的な経歴書には記載しなくなった。

一九二九年末、状況は根本的に変化した。スターリンは最終的に党内の反対派諸潮流を粉砕した。精神生活のすべての領域で彼の独占の承認と個人崇拝の植え付けが始まった。スターリン化に際して最初に犠牲となったもののなかに哲学があった。デボーリンはスターリンをマルクス主義の偉大な哲学者にして古典的著作の大家と位置付ける論文を書くように、との党中央委員会の要請を断った。一九三〇年の年初から党中央委員会の諸機構はデボーリンとその学派、すなわち〝弁証法派〟を代表する論者たちにたいして体系的に圧力をかけ始めた。全連邦哲学会議の開催は禁じられ、雑誌『哲学の諸問題（プロブレムィ）』の刊行許可は取り消され、オックスフォードで開催される国際哲学会議へのデボーリンをはじめとする哲学研究所の代表たちの渡航には〝待ったがかかっ〟た。

このとき、赤色教授学院の修了生のなかに、組織的にデボーリンとその支持者に反対して発言するようになったものたちがいた（パーヴェル・ユージン、ヴァシーリー・ラリツェヴィチ、フョードル・コンスタンチーノフ、ミハイル・カマリら）。彼らのリーダーとなったのがミーチンであった。このグループの行動は党中央委員会煽動宣伝部、およびとくにこの問題を担当したエメリヤーン・ヤロスラーフスキーによって調整されていた。このとき、そしてその後も続いた哲学におけるリーダーシップをもぎとる闘いは、まず一九三〇年四月二〇～二四日に開催された共産主義アカデミー【社会科学を中心とした党・国家サイドの知識人による学術機関】・哲学研究所の党フラクションと戦闘的唯物論者＝弁証法家協会のモスクワの組織との合同会議において闘われた。デボーリンはその閉会あいさつで、新しいグループが哲学におけるリーダーたちから影響力を奪い、彼らにたいする信頼を失墜させようとしていると述べた。

党中央委員会煽動宣伝部長アレクセイ・ステツキーはデボーリン宅を訪ね、すべての学術におけるたったひとつの権威、すなわち、スターリンの権威を承認すべきだ、と述べた。その後、ミーチン、ユージン、およびラリツェヴィチがデボーリンのアパートを訪ねた。デボーリンは次のように彼らの来訪を回想している。彼らは「わたしに最後通牒を突きつけました。公開の集まりでわたしは自分の教え子たちを人民の敵と宣告し、彼らを粉砕しなければならない、スターリンその人を偉大な哲学者と宣言しなければならないと言うのです。まさにカテゴリー的に【無条件的に】リスクを冒すことだとはよく知っていましたが、この命令の実行は拒否しました。わたしの拒否のあと、わたし、および、わたしと考えを同じくするものたちに凶暴な攻撃が続きました。ミーチンは、もっとも醜いレッテルを貼るのに留まらず、とくに粗暴に振る舞いました」。一九五〇年代にデボーリンの調査係として働いたエヴゲニー・プリマークは、この聖ならざる三位一体にたいするデボーリンの回答を正確に伝えている。「わたしは自分の教え子や友人を渡さない」。

　ミーチンとその支持者たちは、事前に党中央委員会の支持を確保しつつ、デボーリン派にたいする攻撃を広げていった。一九三〇年六月七日、『プラウダ』紙上に有名な「三名の論文」が掲載された。ミーチン、ユージン、ラリツェヴィチはそのなかでデボーリン派に向けて政治的な罪過を挙げ、〝社会主義建設の諸課題〟からの哲学の立ち遅れを非難した。ミーチンとその仲間が提示したデボーリン派の主要な罪過は、彼らが哲学者としてのレーニンを無視している、ということであった。ミーチンらが罪状告発で挙げたことについて言えば、デボーリン派の理論的見解の問題を専門的に研究した論者たちは、この告発の無根拠性を明らかにしている。N・B・コルシューノフが書いたように、「〝弁証法派〟、まずだれよりもデボーリンの見解に関する、はるかに度を越した目的意識的な捏造が座を占めていた」。I・I・ヤホットは、ミーチンとその同類の真の目的が「スターリンにたいする度を越した個人崇拝」にあったために、彼らは「説得力ある事実を無視して罪状告発を止めなかった」ことを見事に明らかにしている。事実、レーニンの哲学的見解の研究を創始したのはデボーリン派であった。それゆえ、ミーチンがデボーリン派に対抗するために、一九三〇年代初めから占用していた〝マルクス主義におけるレーニン的段階〟という定式は、スターリンの個人崇拝に奉仕するミーチンの努力を隠蔽する婉曲表現以外の何ものでもなかったのである。

　ミーチンらは党中央委員会の支持をえて、デボーリン派をあらゆる行政的ポジションから追い出しはじめた。一時的ではあったが、『マルクス主義の旗の下に』誌の刊行が禁じられた。一九三〇年夏、赤色教授学院哲学科は独立した機関、赤色哲学＝自然科学教授学院に再編された。ミーチンはその副院長に任命され、ユージンはその党組織の書記となった。一九三〇年一〇月一七～二〇日「哲学戦線における状況」が共産主義アカデミー幹部会で審議された。これはもはや哲学的な議論ではなく、政治的な破壊行為であった。デボーリン派にたいする最初の組織的措置が採択された。一九三〇年一一月二三日、ヤン・ステン、ニコライ・カレーフが戦闘的唯物論者＝弁証法家協会理事会から排除された。才能ある反対派を最後にいたるまで壊滅させるために、ミーチンはステンの反党的な見解を告発する密告状を執筆し、全連邦共産党（ボ）中央統制委員会に送った。この直後、ステンは解職となり、党から追放された。

　一九三〇年一二月九日、スターリンはミーチンその他の赤色哲学＝自然科学教授学院党細胞ビューロー【党基礎組織の指導部】員たちと会談した。彼は、哲学におけるデボーリン派のリーダーシップを最終的に破滅させ、デボーリン派批判を、反対派にたいするイデオロギー闘争の一環として位置づけることを指示した。一九三一年一月、デボーリン派の見解を、無内容な結合語〝メンシェヴィキ化する観念論〟で特徴付ける中央委員会布告が採択された。この布告に従って、ミーチンは雑誌『マルクス主義の旗の下に』の編集長となり、事実上、哲学研究所に君臨した。

一九三一～三二年、ミーチン・グループのソヴィエト哲学界独占に対抗して、P・I・シャバルキンをリーダーとする赤色教授学院修了者のグループが旗揚げした。反対派「シャバルキン・グループ」は、ラーザリ・カガノーヴィチ【有力な政治家】の援助をえたミーチンによって圧殺され、そのメンバーは辺境に左遷された。一九三六～三七年、『マルクス主義の旗の下に』誌上におけるミーチン、ユージン、コンスタンチーノフ、ヴラジーミル・ベレストニェフによる一連の論文が発表され、ミーチンとユージンが党組織と懲罰機関へ手紙を送ると、このグループは全員弾圧された。

ミーチンの指導の下で哲学研究所は堕落した。多少とも能力のある研究員は免職となり、もともとあった五つの部門のうち、四つまでもが閉鎖された、国際的なコンタクトは縮小した。計画研究として、「唯物論者＝弁証法家としてのスターリン」、「富農の階級としての撲滅」などのようなテーマが〝研究〟された。哲学者の基本的な課題となったのは、そのときどきの党のスローガンへの奉仕、好ましくない学者にたいするイデオロギー的迫害であった。

一九三四年、ミーチンは論文審査なしで哲学博士の学位を授与されたが、その一年前には「教授」称号をえていた。

一九三三～三四年、ミーチン編の教科書『弁証法的・史的唯物論』の刊行は、新しい研究所指導部による党の課題の遂行となった。この教科書には、マルクス主義を限界までドグマ化したヴァージョンが幅を効かせていて、スターリンは最も偉大な哲学者というステータスにまで昇進していた。この教科書の理論的水準は低いと言わざるをえない。ちょうどその三分の一が哲学理論の問題ではなく、「哲学におけるふたつの戦線での闘い」に振り向けられていた。ここでの文体は放埒を極めていた。しかしながら、この教科書の著者たちは過度の熱心さを以て、反対派を過度に詳細に悪罵した。それゆえ、一九三六年、グラフリット【文献＝出版事業総管理部。検閲を担当した政府機関】の検閲官はスターリンへの手紙のなかでこの教科書を政治的に利益がなく、有害であるとしていた。ただちにミーチンは、この教科書を非難した最初の人物となった。自分が編集したものであったにもかかわらず、である。この教科書の執筆者の過半が弾圧された。犬儒学者にして出世主義者のミーチン自身は、権力の高みに進むためにマルクス主義を利用しつつも、そのマルクス主義を含め、何も信じてはいなかった。

彼はソヴィエト哲学者にたいする弾圧の主要なオーガナイザーのひとりであった。何百、何千といった才能あるひとびとの人生が破滅させられたのは彼のせいであった。彼が自分の論文で有害だと断じたものはただちに逮捕された。大量弾圧は哲学研究所でも進んだ。ミーチンに密告されたものを含め、初期の、デボーリン時代の研究員はだれもいなくなった。ミーチンのもとで配下として働いていた研究員も将来を安心できなかった。

一九三六年、ステンはその生涯最後の逮捕を迎えた【一九三七年六月二〇日銃殺】。ステンは『大ソヴィエト百科事典』第五七巻のために、長大な「哲学」の項を執筆していた。ステン逮捕のあと、ミーチンはその手稿を入手し、原作者ステンを、「トロツキー＝ジノヴィエフ一味の反党的・反ソヴィエト的テロリスト活動のイデオローグ」とする一節を加えただけで、この項を自分の署名のもとに刊行した。

一九三七年になると、ミーチンは研究所の研究員の集会で、「われわれの研究所内のトロツキスト＝ファシストのエージェント、イデオロギー戦線における妨害者」を暴露するよう要請した。彼は、デボーリン派鎮圧で自分を助けた友人であったラリツェヴィチの名を含む、被逮捕者の苗字を読み上げ、この件で達成された成功を自賛した。逮捕された哲学者、I・Ya・ヴァインシュティンの妻は、所長室を訪れて、ゆったりと座っているミーチンに助力を申し込んだときのことを次のように回想している。ミーチンは、彼女が何ものか知っていながら、「あからさまに悪意のある、冷たい表情で、『疑いえない理由がなければ、だれも逮捕されません。何もお手伝いできません』と言いました。そして、時計を見て、立ち上がり、『彼には一度も……（会っていません）』と言いたそうでした。わたしは、彼が何年もの間、ヴァインシュティンを知っていること、ヴァインシュティンが常にマルクス主義者＝レーニン主義者であったと反論しました。ミーチンは、鋭く言葉を遮り、この瞬間、ただちに部屋を出るように、そうでなければ、民警を呼んで、わたしをどこかに連れていってもらう、と文字通り大声でわめきました。わたしには号泣を止められず、出てゆきました」。

この時期、ミーチンは、スターリンからイデオロギー的性格をもつテキストの準備に関する課題を受け取るため、彼の応接室を一再ならず訪れていた。スターリンから課題を受け取ると、彼は仕事を自分の配下にいる研究員に分け、自分は何も書かなかった。彼の名前で出版された著書もだれかほかの人物が書いたものであった。一九三八年の七月、スターリンは『全連邦共産党（ボ）史』小教程の「弁証法的・史的唯物論について」の項の準備に関する相談のため、ミーチンとユージンと会談した。会談の途上、スターリンはマルクス＝エンゲルス＝レーニン研究所の活動にたいする自分の不満、とくにこの研究所がレーニンの『唯物論と経験批判論』の付録に、二〇年前と同様、リューボフィ・アクセリロード【メンシェヴィキに属したことのある古参革命家。機械論派的傾向を持つ哲学者。女性】の書評を再版したことに不満を表明した。一九三九年、ヴラジーミル・アドラツキー【マルクス主義の古典的文献の収集、翻訳、編集に尽力した哲学者、革命家】が占めていた、ふたつの研究所所長職【マルクス＝エンゲルス＝レーニン研究所と哲学研究所】はミーチンとユージンが分け合うこととなった。ミーチンはマルクス＝エンゲルス＝レーニン研究所所長となり、党中央委員に選ばれた。

一九三九年、彼は科学アカデミー会員に選出された。科学アカデミーの党組織はデボーリンにミーチンの推薦を命じ、デボーリンはやむなく同意した。ミーチン選出がどのように行われたかはアヴネル・ジーシ【美学者・哲学者】の回想にある。「科学アカデミー会員候補の審議が始まると、デボーリンがミーチン教授を候補として提案した。『ミーチン教授というのは一体だれなんですか』という質問が出た。デボーリンは、ミーチンが、雑誌や新聞にしきりに登場している有名な哲学者で、国の哲学戦線の指導者のひとりであると述べた。つづいて第二の質問があった。『どんな学術的な業績があるのですか』。デボーリンは応えに窮した。というのは、ミーチンには著書がなかったからである。あるのは、『唯物弁証法の戦闘的諸問題』という作品だけであったが、これは彼の新聞論説を集めたものにすぎなかった。デボーリンはひどく困った状態となり、『ミーチン教授は〝メンシェヴィキ化する観念論〟摘発で大きな功績があります』と言った。どのようなことなのか、との質問に応えて、デボーリンはそれが自分と自分の学派のことであることを述べなければならなかった。わたし【ジーシ】は覚えている。ふたりのアカデミー会員が決然とミーチンの選出に反対して発言した。ひとりはドミートリー・ペトルシェフスキーで、不同意を表明するのみならず、候補として提案されたことにも否定的な反応を示した。さらに、ペトルシェフスキーはデボーリンに温かい言葉をかけた。デボーリンは温かい言葉に感謝しつつ、ミーチン教授がアカデミー会員に選ばれなければ、彼、デボーリンには、出席者が想像もできないような大きな困難、生命に関わる不愉快なできごとが俟ちうけているであろうと述べた。出席者は、しかし、みなこの不愉快なできごとを想像できたので、ミーチン教授はソ連邦科学アカデミー正会員に選出された」。

ゲオルギー・アレクサンドロフを支持する哲学者のグループが形成された。多くが共産党中央委員会煽動宣伝部の彼の同僚であった。一九四一年、〝メンシェヴィキ化する観念論〟に関する中央委員会布告一〇周年を記念する哲学研究所の会議で、アレクサンドロフは党側の管理者として、ミーチンとユージンの活動を批判する演説をおこなった。この時期、権力内部で大きな影響力をもっていたアレクサンドロフは、一九四三〜四四年、ミーチン・グループにたいして、その支持者F・A・ゴロホフ、エヴゲニー・シトコフスキー、S・S・ピチューギンらの逮捕や批判に繋がる、強烈な一撃を加えることができた。ミーチンにたいしては、『哲学史』第三巻【一九四二年、スターリン賞受賞。しかし二年後、スターリン自身が再検討を指示し、編集と執筆に加わった古い哲学エリートが批判された】から スターリン賞を剥奪する党中央委員会布告も効果を発揮した。結果として、一九四四年、彼はマルクス＝エンゲルス＝レーニン研究所長、『マルクス主義の旗の下に』誌編集長のポストから解任され、ユージンは哲学研究所長職から解任された。これらのポストはアレクサンドロフの支持者が占めることとなった【しかし、アレクサンドロフは一九四八年に始まる「哲学討論」の過程で批判され（一九五五年、最終的に失脚）、ミーチンは復権する】。

戦後もミーチンはノーメンクラトゥーラ【党内序列】・ヒエラルキーのなかで高い地位を保ったが、そのユダヤ人としての出自から、スターリンが有名な〝コスモポリタニズムとの闘い〟キャンペーンを展開したとき、客観的にはその攻撃対象となった。しかし、彼はこの状況でも自分にとって快適な壁龕【壁の窪み。逃げ場】を見いだした。ソヴィエト遺伝学が壊滅させられた事件でトロフィム・ルィセンコ【遺伝的性質が環境操作によって変化するとして、メンデル遺伝学を否定した農芸家出身の生物学者】を、イサーク・プレゼント【ルィセンコ主義を演出した哲学者】とともに積極的に支持し、ルィセンコ覇権の哲学的基礎を保証した。一九四八年のヴラジーミル・レーニン名称全連邦農業科学アカデミー八月総会【生物科学におけるルィセンコ派の優勢を決定的にした】において演説したミーチンは「メンデル＝モルガン派の反科学的概念をその最後にいたるまで暴露し、破滅させる」ことを要求した。彼は遺伝学を批判した自身の演説を単独の著書として出版した。

一九五二年、「コスモポリタニズムとの闘い」キャンペーンのピークで、ミーチンは、マルクス＝エンゲルス＝レーニン研究所内で〝明るみに出た〟〝ユダヤ人の陰謀〟に参加したかどで告発されることを辛うじて免れた。一九四〇年代、レーニン廟のレーニンの遺体に防腐処理を施して有名になったボリス・ズバルスキー【生化学者】の著書が何冊か、ミーチンが所長を努めるマルクス＝エンゲルス＝レーニン研究所の印を押して出版された。予期せずして、スターリンはこの著作にイデオロギー的な攻撃をしかけた。この著書の写真家が〝敵対的な目的で〟レーニンの葬儀の写真のひとつを〝儀仗兵のなかにいる人物の顔が人民の敵トロツキーに似るように修正した〟というのである。ズバルスキー、写真家ソロモン・テリンガーテル、国立政治出版所副所長のI・G・ヴェリテは党から追放され、逮捕された。一九五二年三月一八日、この〝問題〟に関する党中央委員会書記局決定が採択された。決定は、ミーチンが「ズバルスキーにマルクス＝エンゲルス＝レーニン研究所附属中央党文書館から文書を渡し、返却する義務について伝えなかった」ことに関してその責任を規定したものであった。ミーチンは、一九五二年四月一八日、党中央委員会附属党統制委員会の会議に召喚された。会議では〝事件〟に関する党統制委員会の決定が策定された。党統制委員会の準備のための資料は、ミーチンに〝政治的近視眼性〟の罪を負わせていた。しかし、一九五二年五月六日の委員会決定では、彼の名前は〝不思議なことに〟消えていた。この場合、首領の個人的な庇護が話題になったのであろう。

一九五二年、ソ連邦共産党第一九回大会、一九五六年の第二〇回大会でミーチンは党中央委員に選出された。一九六〇年から『哲学の諸問題（ヴォプロースィ）』【前出の『哲学の諸問題（プロブレムィ）』とは別】誌編集長を努めた。この時期、彼は、それほど大したものではなかったものの、自分の所業の報復を受けている。ステン未亡人がラーゲリ【矯正収容所】から生還し、ミーチンがおこなった、『ソヴィエト大百科事典』「哲学」項盗作の問題を提起したのである。調査がおこなわれ、盗作の事実が明らかにされ、彼個人にたいする党の審理案件となった。党から除名されはしなかったが、『哲学の諸問題』誌編集長、モスクワ国立大学哲学部教授の職務からは去らなければならなかった。

晩年、ミーチンは名誉ある閑職、すなわち、科学アカデミーの海外イデオロギー潮流問題学術会議議長という職に甘んじなければならなかった。彼は、習慣となったことをし続けた。つまり、党中央委員会に哲学者、とくに、ボニファチー・ケドロフ【自然科学とマルクス主義哲学との和解を志した哲学者】に関する密告を書き続けたのである。

ミーチンは一九八七年一月死去し、モスクワのノヴォデーヴィチ墓地に葬られた。

ミーチンの作品：

・「マルクス＝レーニン主義哲学の新しい課題について」（ラリツェヴィチ、ユージンと共著）『プラウダ』一九三〇年六月七日．

ミーチンに関する文献：

・ソ連邦科学アカデミー編『マルク・ボリソヴィチ・ミーチン［ソヴィエト科学者の伝記のための資料シリーズ］』、モスクワ、ナウカ社、一九八一年．

・I・ヤホット「ソ連における哲学への抑圧（一）、（二）」、『哲学の諸問題』、一九九一年第九号、四四〜六八ページ／同第一〇号、七二〜一一五ページ。

・G・G・クヴァーソフ「スターリンによるアブラム・デボーリン・グループの評価に関する原資料」、『祖国の哲学—研究の経験・論点・方向—』、モスクワ、一九九二年、第一〇巻、一八八〜一九七ページ。

・N・B・コルシューノフ「一九三〇年代初めのソ連における異論派への抑圧と哲学論争」、『哲学諸科学』、二〇〇〇年第四号、七五〜八八ページ。

・E・G・プリマーク「〝メンシェヴィキ化する観念論〟の首魁の復権にむけて—科学アカデミー会員アブラム・デボーリンの調査係としてのわたしの仕事—」、『哲学の諸問題』、二〇〇二年第四号、八九〜九九ページ。

・N・B・コルシューノフ「ロシア哲学史家の研究における、いわゆる〝メンシェヴィキ化する観念論〟（一九五一〜二〇〇一年）（一）、（二）」、『哲学諸科学』、二〇〇二年第六号、五二～七三ページ／同、二〇〇三年第一号、二五～四六ページ。

【訳者解題】

本稿著者セルゲイ・ニコラーエヴィチ・コルサコフ氏は一九七三年生まれ。ロシア科学アカデミー・哲学研究所主任研究員。哲学博士。ボリス・ゲッセン、イヴァン・ルポール、ヴラジーミル・アドラツキーらソ連時代のマルクス主義哲学者の事績の再検討を多く手がけている。

同じコルサコフ氏によるアブラム・デボーリンの評伝には邦訳がある（セルゲイ・コルサコフ／市川浩訳「アブラム・モイセーヴィチ・デボーリン―再評価のための伝記的考察―」中部大学『アリーナ』第二二号、二〇一九年、二〇〇～二二〇ページ）。一時ソ連を代表した哲学者で、徹底して学究であったデボーリンはミーチン生涯最大の〝論敵〟であり、最終的に及ばなかったものの、〝打倒〟の対象であった。また、このデボーリン評伝には、使われている文献資料も本稿と共通しているものが多いので、紙幅の制約からコルサコフ氏が本稿では提示を断念した典拠を辿ることもできる。訳者にご連絡いただければ、抜刷なり、ＰＤＦなりをお届けするので、併せてご覧いただきたい。

歴史研究の今日的到達点に立てば、一九三六～三八年をピークに猛威を振るった粛清の嵐、いわゆる「大テロル」の要因はいささかも単純化を赦さない。ウェンディ・ゴールドマンは、一九二九年には党内の反対派を一掃し、独裁体制をほぼ確立していたにもかかわらず、スターリン権力が粛清を発動したのは、元貴族、白軍にも平等に選挙権を与え、直接・秘密投票を約束した〝民主的な〟「スターリン憲法（一九三六年）」の本格施行を前に、農業集団化、社会主義工業化の強行のなかで蓄積された民衆の不満を〝そらす〟捌け口を準備しなければならなかったためとしている。しかし、一般民衆の不満はあまりに大きく、管理者層にたいする告発、糾弾の嵐が巻き起こり、権力の側でも制御不能になってゆく（ウェンディ・ゴールドマン／立石洋子訳「5　テロルと民主主義」、松井康浩・中嶋毅編『ロシア革命とソ連の世紀2　スターリニズムという文明』岩波書店、二〇一七年、一四七～一七四ページ）。これに、ソ連を取り巻く国際環境の悪化（一九三六～三七年にはドイツのラインラント進駐、蘆溝橋事件、日独「防共協定」締結、スペイン内戦での左派の敗北があった）を背景とするゼノフォビアが著しく拡大、そこにソ連国家の複雑な多民族性が絡み合って、マスヒステリア状態が醸成されていった。さらに、過度の忖度、上位のものの排除をみずからの出世の機会ととらえる傾向が被害を極大化した。ミーチンは、こうして歴史に登場した〝「大テロル」特昇組〟の先駆者であった。

デボーリン派にたいする圧迫は「大テロル」に先行している。これはスターリンの能動的な意思によるものと考えられる。スターリンに関する研究は、旧機密文書の公開開始以降、およそ三〇年の間に長足の進歩を見せ、単純な全体主義国家像からより多元的な理解へのソヴィエト社会研究の発展をともないつつ、多面的なスターリン像の探究が展開されている。科学史の世界では、スターリンの、ひたすら〝知の権威〟を求めた側面が明らかとなってきた。また、スターリン自身が哲学問題では相当の主体性を持ち、いわゆる〝ゴースト・ライター〟も、特定の〝助言者〟や〝顧問〟ももたず、原稿をみずから草稿から練り上げていたことは今日広く知られている。スターリンはミーチンを必要としたわけではない。帝政ロシアに奪われた高等教育就学機会へのルサンチマン、みずから後継を自負した〝先達〟レーニンが放つ輝かしい〝知の権威〟にたいする強烈なコンプレックス、こうしたものがスターリンをみずからに替わりうる〝知の権威〟狩りに追い込んでゆく。ポロックの労作（Ethan Pollock, *Stalin and the Soviet Science Wars*. Princeton University Press, 2006）は後期スターリン期における彼の〝知の権威〟追求を活写している。

ちなみに、ミーチンは二回来日している。一回目はソ連共産党中央委員として一九五八年七月の日本共産党第七回党大会に派遣され、二回目は、一九五九年一一月から一二月にかけて日本哲学会、日本唯物論研究会の招きで来日し、各地で講演をおこない、精力的に日本人哲学者と交流している。しばしばスターリニズムの監視塔とみなされていた科学アカデミー・哲学研究所は、スターリン死後の急速な〝脱スターリン化〟のなかで、科学者やその他の知識層からの厳しい批判を受けた。哲学研究所の国際化はその生き残り策のひとつであった。ミーチンの来日はこうした文脈で捉えられなければならない（市川浩「【研究ノート】マルク・ミーチンの来日をめぐって」―『唯物論と現代』第五七号、二〇一七年六月、八一～九〇ページ― 参照）。

二〇一九年十月三一日、訳者はモスクワでコルサコフ氏と会い、翻訳について種々相談したが、別れ際、氏からミーチンの墓には墓誌と墓碑もなく、一見誰の墓かわからなくなっていると聞いた。「ペレストロイカ期」のスターリニズムへの風当たりがもっとも強かった時期に亡くなったためもあろうが、ミーチンが長く勤務した哲学研究所も、家族さえも墓誌・墓碑建立を断ったと言う。コルサコフ氏は「フショー・エート・ポカザーチェリノ（これがすべてを物語っている）」と吐き捨てるように言い、去っていった。

訳文において、本来、人名はその初出箇所で原綴りと生没年を表記すべきであるが、ここでは紙幅の都合からそれを避けた。ロシア人の名前は名・父称・姓の三つの部分からなり、通常、前二者はイニシャルだけが表記されるが、ここでは可能な限り、ファースト・ネームを記しておいた。イニシャルだけを表記する場合、キリル文字はローマナイズした。訳注は最小限にとどめ、本文内に【　】に入れて示した。訳注の出典は、多くの場合、ロシア語版ウィキペディアなどインターネット・ソースである。

（いちかわ ひろし・広島大学・科学技術史）

〈書評〉

斎藤幸平著

『大洪水の前に――マルクスと惑星の物質代謝』

（堀之内出版、二〇一九年、本体三五〇〇円）

岩佐　茂

本書のサブタイトル「マルクスと惑星の物質代謝」というのは、おそらく、ナオミ・クライン『これがすべてを変える――資本主義vs気候変動』の本が念頭にあってつけられたのではないかと思われる。彼女は、「気候変動問題を、資本主義と惑星地球の闘いだと位置づけ」ているからである。「環境危機」という強い問題意識のもとに書かれていることがわかる。本書には、そのような問題意識が流れていると思う。

エコロジーがマルクスの思想の根幹をなしているというのが、本書を貫いている基本的視点だ。そのため、マルクスのノート類に注目しながら、エコロジーの思想がマルクスの「経済学批判にとって欠かすことのできない契機」であることを解き明かそうと試みたのが、本書である。

著者は、日本MEGA編集委員会の編集委員として、西ベルリン大学の留学時にMEGA第四部門第一八巻の編集にかかわった。その編集を踏まえてまとめられたのが、ベルリン・フンボルト大学に提出された博士論文である。本書は、それを「下敷き」にして、新たな章をつけ加えた日本語版である。日本語版に先だって英語版も出され、英語圏のマルクス研究に贈られるドイチャー賞を受賞している。

本書の構成は、三部七章からなっている。

第一章「労働の疎外から自然の疎外へ」では、『経済学・哲学草稿』の従来の解釈に批判的にコメントをしながら、大地と人間の本源的統一が資本による物象的支配によって解体されていることを、「疎外された労働」に先立つ「地代」にかんするノートを使って論証をしている。

第二章「物質代謝論の系譜」では、一九五〇年代の『ロンドン・ノート』のなかの『省察』でマルクスがおこなった、友人ダニエルスの物質代謝論への言及や、リービッヒ抜粋を検討しながら、マルクスの物質代謝論の由来を「一義的に確定することは難しい」ということが主張されている。

第三章「物質代謝論としての『資本論』」では、物質代謝論を価値論との関連で論じることによって、「物質代謝論が経済学批判体系における内在的契機」であることを論証している。価値形態規定と素材的内容の矛盾のうちに、物質代謝の亀裂を見るのである。

第四章「近代農業批判と抜粋ノート」では、『ロンドン・ノート』におけるリービッヒやアメリカ農業の研究をおこなったジョンストン抜粋に拠りながら、マルクスも化学肥料に依拠した近代農業にたいして楽観主義的であったが、リービッヒの『農芸化学』第七版の掠奪農業論を読んで、人間と土地の物質代謝の「撹乱」を展開したことが主張される。

本書のハイライトになっているのが、一八六八年がマルクスの思想的転換点になったことを明らかにした第五章「エコロジーノートと物質代謝論の新地平」である。一八六八年は、『資本論』初版が出版された翌年である。この年がなぜ転換点になったのか。著者は、MEGA第四部門第一八巻で刊行された一八六八年の農業にかんする抜粋ノートの検討をとおして、マルクスのエコロジー思想の新たな地平を論じている。そのことを象徴的に語っているのが、リービッヒにたいする評価の格下げと、それと絡み合っているドイツの農学者、フラースにたいする高い評価である。

第六章「利潤、弾力性、自然」では、『資本論』草稿や抜粋ノートをフォローしながら、資本を、恐慌に直面してもそれを乗り超えようとする弾力性をもっているとみなしながらも、その弾力性が、究極的には、限界をもつ自然力の弾力性に依存しているとみなすマルクスの主張を浮かび上がらせている。

第七章「マルクスとエンゲルスの知的関係とエコロジー」では、マルクスが晩年、農業にかんする多くの抜粋ノートをつくっていたことの意味や、マルクスの草稿とエンゲルスが編集した『資本論』第三巻における言説――マルクスのエコロジーを論じる場合、物質代謝の「撹乱」とならんで「亀裂」を語った有名な文言――との違いを問題にすることによって、二人の問題意識の違いを指摘する。

結論として、マルクスその人の思想に立ち返って、そのエコロジー思想を内在的に発掘すること（「マルクスに帰れ！」）の重要性が語られる。その立ち位置は、従来型のマルクス主義でも、その対極にある西欧マルクス主義でもなく、徹底して新MEGAに依拠している点にある。

本書で著者が強く主張していることは、マルクスのエコロジー思想は、自然の支配を意味する「プロメテウス主義」や「生産力至上主義」とは無縁であるということである。これらは、近代思想を特徴づけるものであるが、しばしばマルクスにたいしても投げかけられてきた。それだけではなく、マルクス主義のうちにも、これらを肯定するような見方が根強くある。著者は、そのことを批判して、マルクスが自然の限界を踏まえた議論をおこなっていることを強く主張するのである。

マルクスのこの立ち位置が明確になるのが、一八六八年である。『資本論』初版では、掠奪農業論を批判していたリービッヒを「現代の全経済学者の諸著作を合わせたよりも多くの光明を含んでいる」と高い評価を与えていたのに、第二版では、たんに「光明を含んでいる」という表現に変更されたのは、フラースの『時間における気候と植物界、両者の歴史』を読んだことにあった。マルクス‐フラース関係は、これまでほとんど論じられてこなかった問題である。

一八六八年初めにおこなわれた、マルクスとエンゲルスの手紙のやり取りのなかで、マルクスが、鉱物肥料論者（リービッヒ）と窒素肥料論者（ローズ、ギルバート）の対立軸から自然学的な学派（フラース）と化学的な学派（リービッヒ、ローズら）の対立軸へ変更したことは、明らかに、マルクスがフラースを読んだためである。著者はそのことを明らかにして、工業によって産出された化学肥料に依拠するのではなく、自然の力に依拠するフラースの沖積理論をマルクスが高く評価したことを明らかにする。

エンゲルスへの手紙で、マルクスはフラースの「無意識的に社会主義的傾向」を高く評価するが、このことは、マルクスが構想していた社会主義が、人間相互の関係に注目しただけのものではなく、自然との関係のあり方も含まれていることを意味していよう。また、森林伐採による気候変化が文明の危機をひき起こすとみなすフラースの主張は、今日の気候危機を論じるさいにも、示唆を与えるであろう。

晩期マルクスの思想を、一八六八年を境にして前期の思想からの転換とみなすのには、当然、異論も出てこよう。マルクスの晩期の思想の全体像の構想も、いまだ果たされていない今後の課題である。本書を機に、大いに議論されることが望まれる。

（いわさ しげる・一橋大学名誉教授・社会哲学）

〈書評〉

村瀬裕也著

『人文科学の擁護』

（本の泉社、二〇一九年、本体三〇〇〇円）

三浦永光

本書は二〇一五年の国立大学の文系（人文科学・社会科学）学部の廃止・削減に関する文科省の通達に対して人文科学を擁護する意図にもとづいて発表されたものである。本書は本文三八八頁の大著である。評者は本書の多岐にわたる内容全体の紹介と論評を紙幅の制限上断念し、その一部について扱うこととした。このことをお許しいただきたい。

第一部「人文科学とヒューマニゼイションの問題」の「人文科学の擁護」と「ヒューマニゼイションの学問性」において、著者はまずW・イェーガーの「目的自由性」の概念を取り上げ、この概念が功利的・技術的な目的合理性から解放された自由な個性を育てる教養を重視することを評価しつつも、人間存在の根本規定としての積極的な目的意識性に言及していないことに限界を見ている。ついで著者はH・リッケルトが学問を自然科学と歴史的文化科学（神学、法学、歴史学など）に分類し、後者が意義ないし価値の認識を含んでいると論じていることを積極的に評価する。しかし歴史的文化科学が一回的生起にのみ専念し、普遍や法則の認識を追求しないとしていることには疑問を呈している。次にE・カッシーラーが文化ないし歴史文化科学において「象徴」によって意味・価値の世界が豊かにされることを論じたことに注目している。

著者は、学問は本来科学的精神とヒューマニズムという二つの支柱をもつという。科学的精神は専門化した科学が人類共通の問題に対処できる知的機構をもつこと、現象への埋没から脱却した批判的な構造をもつこと、変革への課題化を意識することである。ヒューマニズムは人道主義と人文主義の二義をもつが、人道主義は各個人・集団の自己中心性からの脱却を、人文主義は事物の隠された、積極的に人間的な意味を表現する精神であるという。

著者はヒューマニズムと関連して、学問には「ヒューマニゼイション」が本質的であるという。それは対象の歴史的考察、対象の「異化」による懐疑、クリティシズム、課題化認識を経て専門科学をヒューマナイズすることである。

本書の第二部の冒頭にある「『唯物論』管見」では著者の唯物論の理解とその原則が詳しく説明されている。著者によれば、唯物論は弁証法と一体のものであるという。弁証法は事物を歴史の進展、動、矛盾などにおいて捉える見方である。唯物論は弁証法的唯物論として把握することが重要であるという。

唯物論は歴史を扱うさいに、必然論または決定論の問題に直面する。すなわち、もし歴史の進展が必然的ならば、人間の自由意思にもとづく行動は無意味とならないかという問題である。著者によれば、マルクス主義は経済現象や歴史発展の必然性を解明しつつ、歴史の推進力としての人間の変革的実践の重要性を強調するという。著者はまず必然論を「良質の必然論」と「悪質の必然論」とに区別し、前者を人為的な操作・変革に道を開く方向での客観的原因の究明として提示する立論、後者を宿命論的な必然論（社会有機体説、民族主義、人種主義、優生学など）と規定する。著者は次に歴史の発展を法則と意味との二位相において把握することを主張する。法則の位相とは社会構成体の段階的発展の合法則性を指し、意味の位相とは人間の創造的な行為の成果としての文化諸形態の内実であるという。著者は歴史の中の人間の行為が確実に価値創造の成果として蓄積し、それが歴史の進歩の合法則性を構成していると考えているようである。したがって歴史の必然性と人間の社会変革の行為・努力とは相互に矛盾せず、両立すると考えているのであろう。

次いで著者は唯物論の四つの原則についてのべる。原則①は思考・精神に対する存在・自然の根源性。原則②は物質の相関定立として、自律系としての意識規定。原則③は、意識は物質の反映であるという性格規定。原則④は、意識は理想・理念への自覚的志向性であるという性格規定であり、これは意識の価値論的局面をなす。ここでは物質の側は変革対象として現れると規定される。このように著者は物質と意識の関係において、自然現象に関しては物質（自然）が優越するが、「法制」「善悪」のような社会的・価値的事象に関しては意識が優越すると考える。ゆえに両者の優劣は問題の局面に応じて異なるとされる。

第四部の「昌益の平和思想」ではまず伝統的には治と乱が平和と戦乱とし

て対置されるが、著者によれば、安藤昌益はこれを構造的暴力と直接的暴力と捉え返しているという。昌益は帝王が戦争によって権力を握り、法制、階級制、私有財産制を設け、支配階級と共に「不耕貪食」の地位にあると主張する。将軍・幕府は武士階級や神主・寺僧らと共に構造的暴力を揮っているのである。その支配下にあるのは農民・職人など国の大多数を占める衆人である。衆人は自ら土地を耕して自らの糧を得る（「直耕」）だけでなく、支配階級のために労働しなければならない。支配階級の間で権益の争いと「乱」が起こると、戦争となる。著者はこれを直接的暴力と規定する。昌益にとって、治と乱は対立するものではなく、むしろ不耕貪食にもとづく治と乱が直耕に対立している。万人は平等であり、男女も平等である。万人が耕して自らの糧を得る「直耕」こそ、昌益のいう平和な「自然世」をもたらすものである。

評者は著者の人文科学のもつ価値論とヒューマニゼイションの議論には共感しまた学ぶところ大であった。ただ疑問を二点だけのべるならば、一つは著者の唯物論の概念について。自然・存在が進化の過程で意識・思考を生み、意識が自然の反映である点では存在が意識に優越するが、法制・善悪のような社会的・価値論的な局面では意識が存在に優越するという。そうならば、なぜ「唯物論」という言葉を使うのか。「唯物」は「物質のみ」を意味し、著者のいう論旨と矛盾しないかという疑問である。第二に、著者は昌益の平和思想が人間平等の理想に基づいていることを高く評価する一方、「私法盗乱の世に在りながら自然活真の世に契（かな）う論」の一文には深く言及していない。しかし昌益が「上君（かみきみ）も人なり、人民（しもたみ）も人なり」と、人間平等を明確に謳いながら、「上下を絶すること契（かな）わずんば、責めては上下を立てながら、上下無き活真自然の世に契うことを明かし、これを論ず」と、上下を立てるという矛盾に陥っている。そして民が勤勉を怠り遊興放逸に走る者がいれば、「上」（上長）が「刑伐」する。「生れ損ねの悪徒」が出るときには、その「一家一族」が「殺す」とする。昌益はこのような粛清ともいうべき修羅場が出現する事態を容認している。著者は理想を実現しようとする変革思想が必ず直面する理想と現実の懸隔のジレンマに、昌益も陥っていることに論及してもよかったのではないだろうか。

（みうら　ながみつ・津田塾大学名誉教授
・哲学／社会思想史）

〈書評〉

山田敬男著

『戦後日本　労働組合運動の歩み』

（学習の友社、二〇一九年、本体一八〇〇円）

赤堀正成

本書は労働者教育協会が出している月刊誌『学習の友』の二〇一六年六月号から二〇一八年一〇月号に連載された論稿をまとめたものだ。「あとがき」に、「本書を通じて、労働組合は何のために必要なのか、その存在意義がどこにあるのかを歴史の中で学び、多くの方が労働組合運動に誇りと確信を持って積極的に参加されることを願っております」とあるから、本書の主たる名宛人は、労働組合の役員や一般の組合員ばかりでなく、さらに労働組合への加入、あるいは労働組合結成を考えている老若男女ということになる。

しかし、こう記すと、市民、また労働組合論や労働問題論に関心を持っている（擦れ枯らしの）社会科学あるいは人文科学の専門家ないし研究者には読んで益するところがないものと早合点されてしまうかもしれないけれども、そんなことはない。たしかに、大きく分類するならば本書は「専門家向け」ではなく「一般向け」となるが、二〇〇ページに満たないボリュームに七五年を数えようとする戦後日本の労働運動（後述するように、労働組合運動ではない）の歴史がコンパクトにまとめられており、長年にわたって現代史研究を専門としてきた著者の知見と洞察が随所にうかがえるものとなっている。

本書は以下のように戦後労働運動の歴史を五つの時期に区分して論じている。

「I　戦後の労働運動の出発（一九四五～四九年）」は四章から成り、敗戦を契機に「労働者の自然発生的なたたかい」から労働組合が結成された後、下山事件、三鷹事件、松川事件までを扱うが、戦前の労働組合運動にも一章を割いて、戦前の労働運動がもった限界として「反共分裂主義と『左翼』セクト主義」を挙げている。

産別会議については一九四六年の一〇月闘争を高く評価しながら一九四七年の二・一ストの挫折、その後の自己批判問題に関って、「組合員の政党支持の自由など組合民主主義の検討が不十分」であったことが「産別会議に対する分裂攻撃を許す一つの要因になった」と指摘している。

「Ⅱ　逆コースと労働運動の復活（一九五〇～六〇年）」は、「親米反共」の総評が戦闘的に転換する過程、社会党・総評ブロックの形成、日本共産党の分裂と混乱、沖縄を含む基地闘争、勤評闘争、警職法闘争、そして三池闘争、安保闘争に至るまでを扱う。

総評についてはその戦闘性を評価しつつも、「特定政党支持」に見られるように「労働戦線の統一、民主勢力の団結を妨げるセクト主義、分裂主義の立場に固執」していたと厳しく批判されているが、これは一九八九年に結成された全労連が克服した課題として、本書のモチーフの一つをなす指摘である。

「Ⅲ　高度成長期の労働運動（一九六〇～七五年）」は、一方では「右翼的潮流が本格的に成長」し、他方では国民春闘や革新自治体の登場が登場することに示される「競争主義原理と憲法原理がせめぎ合う複合性」が扱われる。

この時代は、ＩＭＦ・ＪＣ、同盟が結成され「右翼的潮流の組織化が大きく進展」する時代だが、ベトナム反戦運動、沖縄の祖国復帰闘争、同時に、革新自治体、国民春闘が進展した時代でもあった。

女性差別の上に成り立つ「日本的労使関係」と指摘し、「ポストの数ほど保育所を」を合言葉として取り組まれた女性の運動にもふれられている。

また、共産党の四・一七問題にも批判的に触れ、組合民主主義の軽視が現われた問題としている。

「Ⅳ　労働運動の新段階――右派的潮流が主導権を（一九七五～九〇年）」は「労働戦線の右翼的再編が本格化」する過程と、統一労組懇の運動が対抗的に論じられて、それぞれの動きが連合と全労連という二つのナショナルセンターに結実していく過程が論じられている。

一九七五年以降、「ストなし」「一発回答」となる国民春闘の変質、臨調「行革」、国鉄の分割・民営化、社公合意、「革新自治体つぶし」といった事態が進行するが、その中で、統一労組懇から全労連結成への過程が一章を割いて簡潔に論じられている。現代日本が二つのナショナルセンターをもつことの経緯を知らされずに不思議に思っている人たちばかりでなく、それを考え続けている人たちにも有益だろう。

民同左派が担った「日本的労働組合主義」については、「右翼的潮流」とは異なるものだが、「社会党一党支持路線」を克服できなかったこと、それ自体は積極的な職場闘争を企業横断的に展開できなかったことの二点が問題として挙げられている。

「V　軍事大国化と新自由主義の時代の労働運動（一九九〇年〜今日）」では、新自由主義改革が本格化することによって「労働運動が構造的に困難な時代に入った」こと、しかし、二一世紀になってから「市民運動が先行して、社会運動が再生」に向かいつつあるという認識が示される。

『新時代の「日本的経営」』に象徴されるような「職場社会の構造的変化」のなかでも、ナースウェーブ、関西電力人権裁判、丸子警報器における非正規賃金是正など、また中小企業において労働組合運動の新しい展開があったことを確認し、二一世紀にはいってから社会運動が「再生」していく過程がさらに一章を割いてまとめられている。最後に「市民と野党の共闘」時代の労働組合運動の課題を論じて本書は閉じられる。

以上が概要だが、著者は「はじめに」でつぎのように述べている、「労働運動とは、労働組合運動、労働者階級の政党の運動、統一戦線運動など労働者階級の階級闘争にかかわる多様な運動のことです。労働組合運動も労働運動の中で、きわめて重要な役割を果たしています。したがって、本書は戦後日本の労働組合運動のあゆみを検討していますが、労働運動全体の中で、とくに政党の運動や社会変革のたたかいとの関連で労働組合運動の意味を考察しています」。本書が『戦後日本　労働組合運動の歩み』と題しながら、時々の政治、政党の動向を重視するのは著者のこうした問題意識のためだ。

それゆえ本書を一読すれば、共産党に対しては時々の誤りや限界をきちんと指摘しつつも結局のところ「歴史」的には積極的な評価がなされるのと比べると、かつての社会党や民同に対してはいささか評価が厳しすぎるのではないか、という感想を抱く方もいるに違いない。

しかし、〝公平〟、〝中立〟や〝客観的〟を装う叙述に比べるならば、著者は自身の立場を明示している点でフェアだし、またそのことで読者は論じられている諸々の事象について自身の評価（そして立場）を形成することを迫られ、そのことで本書を著者と対話的（かつ／または論争的）に読むことを促される点で「教育」的でさえあると思う。いや、読書という行為がそもそもそういうものではないか、と言われればその通りなのだが、そういう本来的な読書を敢えて意図して難しくさせているのでは？　と思われるような著作が少なくないことは、実は、誰もが知っている。

最後に。上にも紹介したが、たとえば、高度成長期の日本社会の性格について「競争主義原理と憲法原理がせめぎ合う複合性」という理解、また新自由主義改革の時代における「労働運動の構造的困難」という認識、さらには共産党の路線について「機動戦型階級闘争」から「陣地戦型多数者革命論」への転換（一六三頁）といった著者独自の把握について。著者自身はこうした点について十全に展開する用意がすでにありながら、冒頭に述べた本書の性格上、過度に専門的にならぬように禁欲して指摘するのみにとどめたのではないかと思われる。したがって、遠からず、著者自身によって本書に散りばめられた独自の論点が本格的に展開される機会があることを疑わない。その時に改めて、著者と対話かつ論争する機会に恵まれることを願っている。

（あかほり まさしげ・神奈川労連特別幹事）

編集後記

本号は、関西唯物論研究会の二〇一九年七月から一二月までの活動の成果を中心に編集しています。

特集「日本国憲法と政治変革の課題」は、二〇一九年の参議院選挙後の憲法と政治変革について、憲法学と現代史の研究者に論じていただきました。

吉田論文は、安倍首相の改憲発言における三つのデマゴギーを事実と法の論理に即して批判し、安倍改憲阻止の意義を明らかにしています。

山田論文は、参議院選挙で示された「市民と野党の共闘」の新段階を明らかにして、現在の歴史的位置と、労働運動の課題を論じています。

個別論文も力作が集まりました。

河野論文は、マウリツィオ・フェラーリスの新実在論について、ポストモダンへの批判と、知覚の重視や「存在論的転回」などを論じています。

聽濤論文は、マルクス未来社会論の解釈を明示するとともに、現代の社会主義について集団的に検討するための重要な諸論点を提示しています。

松浦論文は、財界や政府のいう「働き方改革」と「生産性の向上」について、真にそれらを実現する仕方を労働の現場にも即して明示しています。

塩田論文は、新自由主義の広がりの中で、右派ポピュリズムが台頭する理由と、それに抵抗する左派ポピュリズムの意義と可能性を論じています。

嶋田論文は、東日本大震災後、防災と復興とが一体化されることによって被災者の復興が進まない現状を明らかにし、「復興権」を提唱しています。

翻訳の投稿が市川会員からありました。スターリンのもとで哲学政策を担ったマルク・ミーチンの評伝です。訳注も多く付けられています。

また、会員の著作についての書評を三点掲載することができました。

現在、コロナウィルス危機のために研究会活動も困難になっています。本号への批評を含め、可能な仕方で研究交流ができることを願っています。

（Ｍａｋ）

唯物論と現代　第六二号
日本国憲法と政治変革の課題
二〇二〇年六月一〇日発行
編　集　関西唯物論研究会
発行人　伊勢俊彦
発行所　図書出版　文理閣
〒600—8146
京都市下京区七条河原町西南角
電　話　075(351)7553
FAX　075(351)7560
ISBN 978-4-89259-871-5

『唯物論と現代』投稿規定

(1) 関西唯物論研究会の会員は、『唯物論と現代』に次に掲げる原稿を投稿することができる。
  1. 論文（注および図表も含めて、16,000字以内）
  2. 研究ノート（注および図表も含めて、12,000字以内）
  3. 評論・エッセイ（8,000字以内）
  4. 『唯物論と現代』掲載論文に対する意見（800字以内）
  5. 会の活動に関する提案（800字以内）

(2) 投稿原稿は、未発表のものに限る。

(3) 投稿にあたっては、ワードまたはPDFファイルを編集委員会宛に電子メールで送付する。執筆者の氏名、住所、所属、メールアドレス、電話番号を明記する。

(4) 投稿原稿は、編集委員会で審査する。不採用の場合、編集委員会は原稿を消去する。

投稿先　関西唯物論研究会編集委員会
電子メールアドレス：tit03611@lt.ritsumei.ac.jp

（2019年3月16日改正）

『唯物論と現代』執筆要領

1. 原稿はワードまたはPDFファイルとする。
2. 原稿冒頭に表題、執筆者名を明記し、原稿の最後に括弧書きで、執筆者名のひらがな、所属、専門を記入する。
3. 印刷は縦書きであるが、原稿は縦書きでも横書きでもよい。
4. 注は番号を付けて、原稿の末尾にまとめる。
5. 引用文献･参考文献は、著者名、論文･雑誌名または著書名、発行所、発行年（雑誌は年月）、を明記する。
6. 校正は著者校正を2回行う。

（2019年3月16日制定）